Inhalt

Vorwort 7
Andreas Heller

Hinführung: Hülle und Fülle im Hospiz 11
Ein schillerndes Begriffspaar 12
Hospitium und Pallium: Hüllen zum Leben und Sterben 13
Palliativ – Bedeutungswandel eines Begriffs 14
Lebensqualität und Fülle 17
Palliative Care heute 18
Spiritual Care 21
Palliative Spiritualität – eine Annäherung 24

Der Mantel als Kleidungsstück und Symbol 27
Kleider machen Leute 27
Nacktheit, Erotik und Scham 29
Kleider- und Mantelgeschichten der Bibel 32
Sich häuten, um zu wachsen 35
Das letzte Hemd 37
Kleider in der Trauer 38

Hüllen in der Sterbe- und Trauerbegleitung 43
Die Geschichte der Mäntel im Hospiz St. Martin 43
Die Hüllen und Häute der Künstlerin Astrid J. Eichin 54
Reibung als Lebenserfahrung – Es scheuert 57
Zwischen Lebensverheißung und Wirklichkeit – Glückshaut 64
Der eigenen Spur folgen – Der rote Faden 74
Staunen über eine größere Ordnung – Fibonacci-Mantel 82
Verbindung zwischen dir und mir, Außen und Innen – Herzensgut 91

Astrid J. Eichins Mäntel und das Gezeitenmodell®
von Ruthmarijke Smeding . . . 97

Zwei Säulen Palliativer Spiritualität . . . 107
Lebensgeschichten wahrnehmen und deuten . . . 108
Der verhüllten Gottheit begegnen . . . 113

Haltungen Palliativer Spiritualität . . . 121
Wir sind verhüllt und wollen uns zeigen . . . 122
Wir legen Hüllen ab und wandeln uns . . . 123
Wir sind einander Geheimnis . . . 124
Wir sind uns selbst verhüllt . . . 126
Gott ist uns verhüllt und offenbar . . . 127
Wir legen unsere sterbliche Hülle ab . . . 129
Wir können das Trauergewand ablegen . . . 130
Sterben und Leben in Hülle und Fülle . . . 132

Epilog: Wir müssen reden! . . . 134
Waltraud Ulshöfer

Dank an WeggefährtInnen . . . 139

Anmerkungen . . . 140
Literatur . . . 145

Vorwort

Leben und Tod hängen zusammen und zwar nicht irgendwie, sondern untrennbar. Wir begreifen das Leben, die Fülle des Lebens nicht, wenn wir uns der Erfahrung des Todes verschließen. Die Konfrontation mit dem Sterben, den Sterbenden, dem Tod und den Toten kann uns immer wieder neu dazu bringen, über das Leben, seine Verletzlichkeit und Begrenztheit und vor allem darüber, wie wir leben und leben wollen, nachzudenken. Seit mehreren Jahrzehnten kommen aus den Räumen des Sterbens in der modernen Gesellschaft, aus den stationären und ambulanten hospizlich-palliativen Sorgekontexten wichtige Impulse. In diesen Schutz- und »Mantelräumen« hospizlicher Gastfreundschaft werden existenzielle Erfahrungen des Lebens geteilt: radikal, einmalig, unwideruflich, aber auch beispielgebend. Es sind Orte existenzieller Auseinandersetzung mit grundlegenden Fragen des Lebens, Orte der Spiritualität. Aus einem solchen Ort heraus ist auch dieses Buch entstanden.

Sich mit dem Tod auseinanderzusetzen, heißt nicht zwangsläufig, besser zu sterben, aber möglicherweise authentischer, verbundener, wesentlicher zu leben. Je näher der Tod an einen Menschen herantritt, umso stärker kann sich die Aufmerksamkeit auf die jeweilige Dimension der Transzendenz verschieben, auf die Frage nach der Grundlage, dem Halt des vergänglichen, zerbrechlichen Lebens und nach dem Sinn und Ziel des Ganzen. Für viele rücken Vorstellungen über ein Leben danach, aber auch die Möglichkeiten, noch darauf Einfluss zu nehmen, in den Blick. Es muss mehr denn je erinnert werden, dass sich das Leben und das Sterben einer Logik des »Machenkönnens« entziehen. Die Herstellbarkeitsfantasien der Moderne erobern kolonialistisch die Krankenzimmer und die Sterbebetten, sie führen zu einer imperialen Lebensweise. Aber: Wenn wir es mit Sterben und Tod zu tun haben, mit der definitiven Endlichkeit und Zerbrechlichkeit menschlichen Lebens, dann gibt es in einem technisch-handwerklichen Sinne kein Problem zu lösen. Wir stehen vielmehr vor einem

Mysterium menschlicher Existenz. Deshalb stoßen die planende Vernunft, die Pathway-Orientierung oder ganz generell die Vorstellung des »Machenkönnens« an ihre Grenzen. Solche Einstellungsmuster entsprechen den kollektiven Mentalitäten und den mentalen Rationalitäten. Es braucht im Leben und Sterben eine andere – eine spirituelle – Vernünftigkeit, eine Haltung des Mitfühlens. Es ist eben auch eine Haltung der »leeren Hände«, des »offenen Herzens«, der Bereitschaft, in »Hülle und Fülle« zu denken und zu leben.

Wir können den Gegensatz zwischen der Logik des Planens und Machenkönnens zur Logik einer Kunst der empfänglichen Haltung in die Terminologie des Auf- und Abrüstens übersetzen. Während sich professionelles Versorgen als Reaktion auf jegliches »Problem« mit (technischen) Instrumenten aus- und aufrüsten muss, bedeutet spirituelle Sorge, dem/der anderen völlig »abgerüstet« zu begegnen, sich in gewisser Weise »entwaffnen« zu lassen, sich seiner eigenen professionellen und operativen Panzerung und Hektik zu entledigen. Aus einer solchen Haltung heraus erwachsen »mantelhafte Würdigungen«, Anerkennung der anderen um ihrer selbst willen. Hier wächst die Sensibilität für Mantelräume und individuelle Mäntel, die schützen und Sicherheit spenden, getragen aus dem Wissen, dass der/die andere etwas zu sagen und zu geben hat. Letztlich ist es eine tiefe spirituelle Einsicht: Ich gebe nicht etwas, sondern mich selbst als ein »abgerüstetes« Selbst. Diese Haltung des Gebens und Empfangens erfordert das Risiko, die eigene Souveränität und all die Maskeraden, die benutzt werden, um diese Begegnungen zu vermeiden, aufs Spiel zu setzen. Die eigentliche Haltung des spirituellen Sorgens ist eine »fragende Haltung«, aus der sich etwas ergeben, ereignen kann, dass nämlich der vermutlich Schwache aus seiner Schwäche »gibt«, dass diejenige, die scheinbar nichts mehr zu sagen hat, sich »beredt« ausdrückt und verstanden wird, dass, wer als »Fall« abgestempelt ist, in seiner Einzigartigkeit erkannt wird. In diese Zusammenhänge gehören daher Überlegungen zur Ermunterung zu ehrenamtlicher, freundschaftlicher, nachbarschaftlicher Tätigkeit, sollen sie nicht in billiger Weise missbraucht werden, um Finanzierungsengpässe der Versorgung zu kompensieren.

Eine neue spirituelle Sorge wird vom Gedanken des »Daseins für Andere« getragen sein oder sie wird nur eine Optimierung gewohnter Verfahren sein. Damit wird die Frage nach der Zeit zu einer zentralen Angelegenheit. Zugleich kulminiert am Lebensende das Prinzip einer durch und durch ökonomisierten Gesellschaft, die alle Beziehungen vergeldlicht. Eine spirituelle Sorge, die sich in Techniken und Therapien erschöpft, die meint, sich ökonomisch legitimieren zu müssen, bestätigt diese Grunderfahrung und überlässt die Menschen am Lebensende dieser Tristesse, die eigentlich Verzweiflung hervorrufen muss: dass nämlich Geld der letzte wirkliche Sterbebegleiter ist. So schwierig das auch ist: Eine gute spirituelle Sorge muss im Kern dieser trostlosen Grunderfahrung widersprechen und etwas, besser jemanden entgegensetzen. Darin liegt der tiefe Humanitätscharakter der Idee.

Das vorliegende Buch von Angelika Daiker und Barbara Hummler-Antoni nimmt aus einer langen und tiefen Hospizerfahrung heraus diese Anliegen auf und übersetzt die alten Bilder aus der jüdisch-christlichen Tradition ins Heute. Die wunderbare Metapher des Mantels als facettenreiches Symbol umfassender Sorge wird in immer neuen bilderreichen Erzählungen und Buchstabierungsprozessen erschlossen, lebensendlich in Hülle und Fülle zu leben, endlich das Leben zu leben.

Prof. Dr. Andreas Heller
Lehrstuhl für Palliative Care und Organisationsethik
an der Universität Graz

Hinführung: Hülle und Fülle im Hospiz

Im Hospiz, an einem Ort, an dem Menschen den Tod vor Augen haben und an physischen und psychischen Einschränkungen leiden, von einem Leben in »Hülle und Fülle« zu sprechen, ist überraschend, vielleicht sogar provokativ. Der Gedanke, eine schützende Hülle, ein Pallium für Körper, Seele und Geist zu bekommen, leuchtet im Hospizkontext sofort ein: Das Pallium benennt im antiken Rom einen mantelartigen Überwurf und gilt als Metapher des umfassenden Schutzes für sterbende Menschen.

Das Stichwort Fülle für einen Ort, an dem das Leben zu Ende geht, scheint jedoch unpassend. Dennoch lautet unsere Grundüberzeugung: Erfahrungen von »Hülle und Fülle« sind in der Zeit des Sterbens und der Trauer möglich. Mehr noch: Die beiden Begriffe drücken aus, was Hospizarbeit ist und sein kann. Sie sind uns zugefallen, als wir – auf der Suche nach einem treffenden Motto für das zehnjährige Jubiläum des Hospiz St. Martin in Stuttgart – der Künstlerin Astrid J. Eichin begegnet sind. Sie stellt ihre künstlerisch gestalteten Mäntel unter der Überschrift »Hülle und Fülle« aus. Im Lauf der Zeit wurden diese beiden Begriffe bei Führungen, in Gesprächen und vor allem in der Arbeit mit Trauergruppen zu Schlüsselbegriffen unserer Reflexion.

Um zu erfassen, warum dies so ist, braucht es ein Verständnis für die Begriffe »Hülle und Fülle« und deren Bedeutungswandel.

Ein schillerndes Begriffspaar

Die klangvolle, seit dem 16. Jahrhundert bekannte Formel von »Hülle und Fülle« bedeutete zunächst keinesfalls Überfluss, also das, was heute damit umgangssprachlich verbunden wird. Im Gegenteil, sie besagte, dass jemand gerade das Allernotwendigste hatte. Wenn jemand keinen monetären Lohn für seine Arbeit bekam, gab man ihm wenigstens »Hülle und Fülle«, d. h. Kleidung, also eine wärmende Hülle, und Nahrung, also einen gefüllten Magen. Eben das Lebensnotwendige. Und das ist schon eine ganze Menge, wenn man Hunger hat und friert.

Der evangelische Theologe Paul Gerhardt fand in diesen beiden Begriffen einen treffenden Ausdruck für das richtige Maß und eine gute Balance. Er bittet Gott: »Darum so gib mir Füll und Hüll, nicht zu wenig, nicht zu viel.«[1] Diese Aussage deutet bereits einen Wandel der beiden Begriffe an. Denn seit dem 17. Jahrhundert wurde Fülle immer mehr in der heutigen Bedeutung verstanden. Damit wurde auch die ganze Formel »Hülle und Fülle« mit Überfluss in Verbindung gebracht und bekam eine geradezu konträre Bedeutung. Die beiden Begriffe spannen im Lauf der Geschichte also den großen Bogen vom Allernötigsten bis zum Überfluss.

In der Begleitung von sterbenden und trauernden Menschen stößt man in erstaunlicher Weise auf die ganze Bedeutungsvielfalt von »Hülle und Fülle«. Jetzt erfahren Menschen, dass es schon viel ist, »Hülle und Fülle« im ganz ursprünglichen Sinn zu haben, also eine schützende Umhüllung oder einen gefüllten Bauch, ohne Schmerzen, ohne Übelkeit.

Wenigstens leben und das Nötigste haben. Wenigstens überhaupt noch essen können. Oft gibt es für Sterbende und ihre Angehörigen im bewussten Verkosten des Wenigen noch große oder stille Glücksmomente von »Fülle«. Vielleicht kann sogar die Reduktion als entlastend erlebt werden. Endlich aus der Überfülle der Ansprüche und Möglichkeiten herauszutreten, hat für viele etwas Befreiendes. Statt um den Kampf für das Maximum an Therapie geht es jetzt um ein entlastendes Ausbalancieren: »Nicht zu wenig, nicht zu viel«, wie Paul

Gerhardt sagt. Das würde vielen Menschen angesichts des Todes schon genügen.

Hospitium und Pallium: Hüllen zum Leben und Sterben

Der Begriff »Palliativ« war zu Beginn der Hospizarbeit nicht vorrangig. Cicely Saunders, die Pionierin der modernen Hospizbewegung, prägte in den frühen 1960ern zunächst den Begriff des »total pain«. Nach diesem Konzept hat Schmerz vier Dimensionen: physisch, psychisch, sozial und spirituell. Um Menschen in ihrer letzten Lebensetappe auf allen Ebenen optimal zu versorgen, braucht es Schutzräume. Für diesen Schutzraum wählte Cicely Saunders den Begriff »Hospice« und lehnte sich damit an ein christliches Konzept von Gastfreundschaft an. Dieser Bezug war für sie wichtig, weil sie aus »christlicher Berufung« zu dieser Arbeit kam.[2] Die mittelalterlichen Hospize (ihr Name leitet sich vom lateinischen »hospitium« ab, was so viel bedeutet wie Gastfreundschaft, Herberge, Bewirtung) waren Einrichtungen bei Wallfahrtskirchen, Klöstern und Stiften, die von Mönchen geführt wurden. Sie nahmen Reisende, vor allem Pilgernde, auf und wurden auch in unwegsamen Gebieten errichtet. Für die Krankenpflege, die zu den Pflichten der Mönche gehörte, wurde ein Teil der Pilgerherbergen bei den Klöstern reserviert. Das »hospitium« war somit gleichzeitig Hospital. In Anlehnung an diese christlichen Orte übernahm Cicely Saunders die Bezeichnung Hospiz.

Der kanadische Urologe und Onkologe Balfour Mount führte den Begriff »Palliative Care« in die Medizin ein. Inspiriert durch die Arbeit von Cicely Saunders baute Mount 1975 im Royal Victoria Hospital Québec eine hospizähnliche Abteilung auf. Er wollte diese erste Hospizeinrichtung innerhalb eines Akutkrankenhauses in Anlehnung an die Arbeit von Cicely Saunders »hospice« nennen. Da der Begriff in Kanada aber bereits durch die Pflegeheime besetzt war, wählte Mount die Bezeichnung »Palliative Care«.

Damit hatte die Hospiz- und Palliativbewegung zwei Begriffe, die Schutzräume benennen. »Hospitium« als Unterkunft für Menschen auf ihrer letzten Wegetappe und »Pallium« als Umhüllung für die persönlichen Bedürfnisse des Einzelnen. Hospiz- und Palliativbewegung beziehen sich also auf die gleichen Quellen, sind jedoch an unterschiedlichen Einrichtungen angesiedelt. Palliativstationen sind – inspiriert durch den Mediziner Balfour Mount – Bestandteil von Krankenhäusern. Hospize sind selbstständige kleine Einrichtungen, die dem Wunsch, »wie zu Hause« zu sterben, auch atmosphärisch entsprechen.

Ein Hospiz ist für Hospizgäste und alle An- und Zugehörigen während eines begrenzten Zeitraums ein Ort des Rückzugs. Im Hospiz St. Martin wird das Anliegen des Schutzraums auch architektonisch sichtbar: Mit einer rotbraunen Außenfassade zur befahrenen Straße hin hat es eine Schutzhülle, die den Lärm abwehrt. Im Inneren ist es hell gestaltet und einladend. Ein Innenraum, der zum Lebensraum wird, und eine Außenseite, eine Ummantelung, die den Lärm und die Unruhe von draußen abhält. Wer von der befahrenen Straße kommend diesen Raum betritt, erlebt eine Atmosphäre, die auf Entschleunigung angelegt ist. Das fängt mit der großen Eingangstür an, die sich nur langsam öffnet und eilige BesucherInnen zu ungeduldigem Ziehen veranlasst. Innehalten ist bereits am Eingang angesagt!

Angehörige, die für einige Zeit ihren Lebensmittelpunkt in das Hospiz verlegen, um dort an der Seite des sterbenden Menschen zu schlafen, zu frühstücken und zur Ruhe zu kommen, erfahren das Gebäude häufig als Schutzraum. Für sie ist es schwer, diesen Schutzraum wieder zu verlassen und in ihr schnelles und forderndes Alltagsleben zurückzukehren, das keine Rücksicht auf die Dünnhäutigkeit ihrer Trauer nimmt.

Palliativ – Bedeutungswandel eines Begriffs

Auch der Begriff »palliativ« hat im deutschsprachigen Raum eine interessante Geschichte: Im 18. und 19. Jahrhundert findet man ihn in der Literatur zunächst in der Bedeutung des Beruhigens, des Ablenkens, auch des Vertröstens, etwa bei Matthias Claudius, Johann Wolfgang von Goethe, Friedrich Hölderlin und anderen. Friedrich Schiller warnt vor »täuschenden Palliativen«, die zwar schnelle Linderung bringen, aber auch innere Heilkräfte behindern und eine grundlegende Beseitigung des Übels verhindern können.[3]

Der Lyriker Nikolaus Lenau thematisiert die Frage, wie offen oder verdeckt wir mit Schuld umgehen, in einem Gedicht mit der Überschrift »Palliativ«. Es geht um eine Schuld, über die »Gras gewachsen« zu sein scheint und die sich überraschenderweise zeigt. Der Dichter schrieb es an seine Jugendliebe Berta, nachdem er ihr 1839 in Wien zufällig wieder begegnet war. Hier spricht ein Ich, das sich an eine schwierige Geschichte erinnert. Sie schwebt ihm wie im Dämmerlicht vor: Da war etwas, aber das Ich will es nicht genau wissen. Das Gedicht ist interessant für den Bedeutungswandel des Begriffs »Palliativ«. Es ist wie ein innerer Dialog zwischen den ersten beiden und den letzten beiden Strophen zu lesen. Zwei Positionen stehen einander gegenüber, Rede und Gegenrede.

Palliativ

Ist Gras gewachsen über die Geschichte,
Weiß nicht mehr recht, wie sie sich zugetragen;
Nur manchmal schwebt mir's vor im Dämmerlichte,
Als hätt' ich einer Schuld mich anzuklagen.

Doch abgewandt vom störenden Gesichte,
Ruf ich's nicht an und will es nicht befragen,
Weil Blick und Muth ich in die Zukunft richte;
Ich schlage mich nicht gern mit alten Tagen.

»Wenn dir der Sensenmann den Leib hinstrecket,
Wird er auch säuberlich das Gras dir mähen,
Das jene Schuldgeschichte dir verdecket.

Kehr' muthig um zu den verlassnen Bühnen,
Die Schuld mit scharfem Reueblick zu sehen;
Soll sie dir sterben, eile sie zu sühnen.«

Hans Christof Müller-Busch interpretiert den Text so, dass es im Angesicht des Todes nicht mehr um das Ergründen von Schuld und deren Ursache gehen soll, sondern um Zuversicht, Mut und Vertrauen, dass mit dem Tod auch der Gram um Vergangenes bedeckt und gesühnt wird.[4] Das Ich will in die Zukunft schauen, sich nicht mit »alten Tagen« herumschlagen. Nach dieser Deutung heißt palliativ, dass über die alten Geschichten Gras gewachsen ist. Im zweiten Teil wird geradezu appellativ ein Du angesprochen. Unklar ist, wer dieses Du ist, ob ein innerer Dialog geführt wird oder ob der Appell Berta gilt, an deren Untreue die Beziehung in die Brüche gegangen sein soll. In der Aufforderung zur Umkehr zeigt sich eine Gegenposition zu den ersten beiden Strophen: Wenn es eine Schuld gibt, nützt es dir nichts, darauf zu hoffen, dass Gras darüber wächst. Wenn der Tod kommt, wird er auch jenes Gras abmähen, das die Schuldgeschichte bisher täuschend verdeckt hat. Also schau sie rechtzeitig an, solange du es noch kannst. Die Art der Schuld wird nicht benannt, es geht nur darum, wie offen oder verschleiernd, nämlich palliativ, mit der Schuld umgegangen wird.

Die Verwendung des Wortes im Sinne von dämpfend, erleichternd, lindernd, täuschend war in der Literatur bis ins 19. Jahrhundert geläufig. Nur langsam hat eine Veränderung des Palliativbegriffs im medizinischen Kontext stattgefunden. In der vormodernen Medizin, so Müller-Busch, hatte das »palliare« immer einen Beigeschmack von »vorteilhafter Darstellung«, von »Beschönigen«, »Verhüllen«, »Verdunkeln«[5] und wurde eingesetzt, um äußere Makel oder gar die Unfähigkeit des Heilkundigen zu verbergen. So brauchte es einen großen Umdenkprozess, um der palliativen, die Symptome lindernden, ummantelnden Medizin ein gleichgewichtiges Ansehen neben der kurativen, heilenden Medizin zu verschaffen.

Lebensqualität und Fülle

Menschen, die ins Hospiz kommen, haben häufig eine lange Zeit der Einschränkungen hinter sich. Während es beim Älterwerden für vieles, was nicht mehr geht, Anpassungs- und Kompensationsphasen gibt, geschieht dieser Verlustprozess bei jüngeren Hospizgästen in atemberaubend kurzer Zeit. Wer ins Hospiz kommt, musste bereits zuvor von vielem Abschied nehmen. Mit jedem Verlust geschieht erneut die Auflehnung oder die schrittweise Akzeptanz dessen, was noch möglich ist. Viele Menschen wollen lieber mit Einschränkungen leben als gar nicht. Sie hoffen auf das Wunder, das sie weiterleben lässt. Wer den Schritt ins Hospiz tut, der weiß – mehr oder weniger –, dass sein Leben in absehbarer Zeit zu Ende sein wird. Für viele Betroffene bedeutet dies zunächst ein geringes Interesse an Gespräch und Beziehung mit anderen Gästen. Sie erwarten, dass mit dem Einzug ins Hospiz der Tod sehr schnell kommen wird.

Oft erleben sie für Wochen oder Monate ein erstaunliches Maß an Lebensqualität, das sie nach einer Odyssee der Behandlungen nicht mehr erwartet haben. Nicht mehr kämpfen zu müssen und zur Ruhe zu kommen, setzt noch einmal Lebensenergie frei. Der Wunsch, nicht nur keinen Mangel zu erleiden, sondern auch Großzügigkeit und Glück zu erfahren, bleibt bis zum Lebensende. Und Fülle ist auch in den letzten Monaten, Wochen und Tagen des Lebens möglich. Momente von »Hülle und Fülle« setzen sich dem Sterben und auch der oft viele Jahre andauernden Trauer trotzig entgegen. Deshalb ist als zentrales Anliegen der Hospiz- und Palliativversorgung ausdrücklich benannt, ganz persönliche »Lebensqualität« zu ermöglichen:

»Palliative Care ist ein Ansatz zur Verbesserung der Lebensqualität von Patienten und ihren Familien, die mit Problemen konfrontiert sind, welche mit einer lebensbedrohlichen Erkrankung einhergehen. Dies geschieht durch Vorbeugen und Lindern von Leiden durch frühzeitige Erkennung, sorgfältige Einschätzung und Behandlung von Schmerzen sowie anderen Problemen körperlicher, psychosozialer und spiritueller Art.«[6]

Damit ist ausgesagt, dass in der Zeit des Sterbens nicht nur eine

Hülle, ein Pallium gebraucht wird, sondern für eine überschaubare Zeit noch Lebensqualität erfahrbar ist. Dies ist ein sehr subjektiver Begriff, für den es kaum objektivierbare oder gar messbare Kriterien gibt. Deshalb muss für jeden einzelnen Menschen geschaut werden, was er darunter versteht.[7] Lebensqualität und Fülle können bedeuten: den duftenden Kaffee genießen, den letzten Geburtstag feiern, die Geburt des Enkelkindes, die Erstkommunion erleben, noch einmal nach Hause gehen, ein Museumsbesuch ... Viele genießen die Gemeinschaft im Hospiz und die Zuwendung, die sie erfahren. Das ist das zentrale Anliegen: Es wird nicht vorrangig das Sterben begleitet, sondern das Leben, das angesichts des Todes bewusster und intensiver gelebt wird.

Viele Witwen und Witwer erzählen in den Trauergruppen, dass die letzten Wochen und Monate vor dem Tod eine besonders innige und ehrliche Zeit mit der Partnerin oder dem Partner waren. Und dass sie diese Zeiten, in denen das Unwesentliche zur Seite geschoben und die Liebe in neuer Intensität möglich wurde, nicht missen möchten. Aus diesen »Fülle-Zeiten« bekommen sie Kraft für ihren langen Trauerweg. Die Erinnerung an erfüllte letzte Wochen und Monate, in denen sie sich als Teil der Hospizgemeinschaft aufgehoben und umhüllt erlebt haben, gehört zu den großen Trostquellen. Wenn Menschen in ihrem Gefühl von Mangel stecken bleiben, kann das jedoch auch anders sein. Dann wehren sie Hülle ab und können Fülle schwer annehmen. Auch das gilt es, im Hospiz respektvoll zu begleiten.

Palliative Care heute

Palliative Care hat sich inzwischen als ein differenzierter Behandlungsansatz etabliert, der sich durch ein multiprofessionelles Team von Ärzten, Ärztinnen, Pflegenden, Sozialarbeitern, Kunsttherapeutinnen, Seelsorgerinnen, Ehrenamtlichen etc. auszeichnet. Im optimalen Fall werden nicht nur verschiedene Kompetenzen addiert, sondern ist es möglich, voneinander zu lernen und gemeinsam praktikable Wege zu erarbeiten, die individuell nicht gefunden werden könnten.[8] Das

Behandlungsspektrum einer auf Heilung ausgerichteten Medizin und Pflege wurde um eine Vielfalt von Unterstützungsmöglichkeiten im Sterbeprozess erweitert. Wesentlich war die Erkenntnis, dass auch für jemand, der nicht mehr geheilt werden kann, noch Therapien möglich sind.[9]

Weil es für den englischen Begriff »Care« keine deutsche Entsprechung gibt, ist es nur schwer möglich, »Palliative Care« umfassend ins Deutsche zu übersetzen. Es umfasst eine große Bandbreite von Sorgfalt, Betreuung, Pflege, Fürsorge und meint sowohl konkrete pflegerische und medizinische Tätigkeiten wie auch eine Haltung der Achtsamkeit. In dem von »Care« abgeleiteten Begriff »Caress«, der Liebkosung bedeutet, bekommt das Wort noch eine sinnliche Nuance.[10]

Im Hospiz- und Palliativkontext ist es wichtig, den Begriff »Care« von jeder Konnotation eines Gefälles von Paternalismus oder Maternalismus fernzuhalten. Dieses Anliegen spitzen Andreas Heller und Patrick Schuchter zu: »Wenn wir den Weg der Sorge konsequent zu Ende gehen, leuchtet Würde auf, die jeglicher Definition und jeglicher gesellschaftlicher Ordnung und Rollenverteilung spottet.«[11]

Interessant ist, dass in den Niederlanden die An- und Zugehörigen in der Begleitung *Mantelzorger* genannt werden. *Mantelzorg* ist die Sorge/Care für chronisch kranke, behinderte und hilfsbedürftige Menschen, die von diesen nahestehenden Menschen – auch Bekannten oder Nachbarn – langfristig und ohne finanzielle Vergütung geleistet wird.

In Deutschland wurde die erste Palliativstation 1983 in der chirurgischen Abteilung der Kölner Universitätsklinik, das erste stationäre Hospiz 1986 in Aachen eröffnet. 1996 wurde im Deutschen Bundestag eine gesetzliche Grundlage geschaffen, damit die Hospizarbeit durch die Kranken- und Pflegekassen finanziert werden konnte. Gemeinsam mit der Bundesärztekammer und der Deutschen Gesellschaft für Palliativmedizin erarbeitete der Deutsche Hospiz- und Palliativverband eine Charta für die Betreuung schwerstkranker und sterbender Menschen. Sie wurde im August 2010 verabschiedet und spricht sogar von einem »Recht auf ein Sterben unter würdigen Bedingungen«[12]. So hat in dem kurzen Zeitraum von ungefähr 50 Jahren seit der Eröffnung des ersten Hospizes in London eine internationale Bewegung die Einstellung zu Sterben, Tod und Trauer revolutioniert. »Kaum ein anderer Bereich des Gesundheitssystems hat je eine derart rasante Entwicklung erlebt wie die Palliativ- und Hospizversorgung.«[13]

Die Debatte des Bundestags über Sterbebegleitung und Sterbehilfe im November 2014 war ein großer Schritt in der öffentlichen Wahrnehmung der Hospizarbeit in Deutschland. Dort wurde die Hospizbewegung mit ihrem Engagement für sterbende Menschen gewürdigt. Viele Menschen wissen heute, dass Hospize und Palliativstationen für Sterbende und auch für Trauernde gute Orte sind. Eine Konsequenz dieser öffentlichen Debatte ist das Hospiz- und Palliativgesetz (HPG), das 2015 in Kraft trat[14]. Es benennt die Fortschritte der letzten Jahre beim Auf- und Ausbau der Hospiz- und Palliativversorgung, aber auch die Lücken in strukturschwachen und ländlichen Regionen. Ziel des Gesetzes ist es, durch die Stärkung der Hospiz- und Palliativversorgung in ganz Deutschland ein flächendeckendes Angebot zu verwirklichen. Im Zuge dieser Neuerung ist es möglich, dass nun auch psychosoziale Begleitung wie z. B. Kunsttherapie, Musiktherapie etc. durch hauptamtlich Angestellte finanziert wird.

Für die Begleitung der Angehörigen nach dem Tod gibt es allerdings weiterhin keine öffentliche finanzielle Förderung, obwohl sie Bestandteil der WHO-Definition für Palliative Care ist. Dort wird betont, dass Palliative Care »Angehörigen Unterstützung während der Erkrankung des Patienten und in der Trauerzeit«[15] bietet, die Finanzierung ist jedoch keineswegs geregelt. Da die Trauerbegleitung künftig in dem Klassifizierungssystem für psychische Störungen (ICD der Weltgesundheitsorganisation) einen Platz bekommen soll, wird in den kommenden Jahren vermutlich auch die Diskussion über den Stellenwert der Trauerbegleitung innerhalb der Hospizarbeit intensiver geführt werden.

Spiritual Care

Das Interesse an der spirituellen Begleitung sterbender Menschen wächst. Aus dem ganzheitlichen Hospizansatz, der die physische, psychische, soziale und spirituelle Begleitung als gleichgewichtig benennt, entwickelte sich »Spiritual Care«, das die spirituelle Dimension in ein eigenständiges Konzept fasst. Diese Entwicklung entspricht einem insgesamt wachsenden Interesse an Spiritualität (»Spiritualität hat Konjunktur«[16]), das sich vor allem außerhalb etablierter Religionsgemeinschaften ansiedelt und sich aus vielen Quellen nährt. Der evangelische Theologe Traugott Roser spricht hier von »Patchwork«:

»In postmodernen Gesellschaften besteht individuelle Spiritualität häufig aus einem Patchwork verschiedener kultureller, ethnischer und religiöser Einflüsse, die im Lauf einer Biographie an Bedeutung gewinnen und wieder verlieren. So entwickelt sich eine einzigartige Ausprägung von Spiritualität, die in Lebenskrisen herausgefordert wird.«[17]

Dieses Bild ist im Kontext der Mantelmetaphorik interessant, weil es für die Buntheit von Geschichten und Biografien stehen kann und offensichtlich Raum zum Erzählen gibt.[18] Im Blick auf die spirituelle Begleitung gilt zunächst, die Vielfalt einfach festzustellen und zu würdigen.[19] In der Begleitung von Gästen im Hospiz können Gespräche über die »Nähte« an ihrem spirituell bunten Mantel aufschlussreich sein. Sie sagen viel über den Lebensweg eines Menschen aus und respektieren sein Suchen. Wenn Nahtstellen brüchig werden oder scheinbar abgelegte Glaubensfetzen wieder Bedeutung bekommen, ist ein neuer Blick auf die eigene spirituelle Biografie möglich.

Menschen zu begleiten, deren Spiritualität bunt ist und die keiner Gemeinschaft zugehörig sind, in der Halt gebende Rituale gelebt werden, ist anspruchsvoll. Und die Anzahl derer, die sehr individuelle Begleitung brauchen, wird zunehmen. Denn die Zugehörigkeit zu einer verfassten Kirche nimmt ab, während das Interesse an Glaube und Religion steigt. In einer aktuellen Studie in Baden-Württemberg geben mehr als die Hälfte der Jugendlichen an, dass sie an Gott glauben.[20] So wächst bei ehrenamtlichen und hauptamtlichen BegleiterInnen verständlicherweise das Interesse an spirituellen Fragen. Sie brauchen eigene Klärung, weil sie in den Ambivalenzen und im Suchen der begleiteten Menschen auch ihren eigenen Unsicherheiten begegnen können. Sie wünschen sich deshalb Schulung[21] und Wissen im Umgang mit spirituellen Fragen. Inwieweit Spiritualität jedoch etwas ist, das man in Unterrichtsmodulen lernen kann, wird kontrovers diskutiert.[22]

Auf jeden Fall sind die Achtsamkeit für die eigene Spiritualität und der Respekt vor unterschiedlichen spirituellen Wegen in der Sterbe- und Trauerbegleitung zentrale Themen.

Notwendig für alle Beteiligten ist:

»Immer wieder bereit zu sein bzw. sich herausfordern zu lassen zur Re-Definition des eigenen Lebens im konkreten Umgang mit Ohnmacht, Leid, Schuld, Hoffnung/Hoffnungslosigkeit, (Un)Sinn, Tod, Trauer: Was trägt jetzt (noch), was bleibt, was führt weiter? Irritierbar und berührbar zu bleiben – eben nicht professionell glatt und perfekt, sozusagen ›intakt‹ und unerschütterlich routiniert.«[23]

Es geht also vor allem um Schulung der Persönlichkeit und der Reflexion des eigenen spirituellen Weges.

Spiritual Care versucht, auf das wachsende Interesse an Spiritualität zu reagieren und versteht sich als ein Konzept, das alle in der Hospiz- und Palliativbewegung Beteiligten einbezieht. Spiritual Care ist nach Doris Nauer »ein interdisziplinär angelegtes *theoretisches Konzept* individuumszentrierter *spiritueller Begleitung*, dem ein *ganzheitliches Menschenbild* mit ausdrücklicher Fokussierung auf die *spirituelle Dimension* menschlicher Existenz zugrunde liegt«[24]. Spiritualität wird in diesem Kontext nicht eindeutig definiert. Das Konzept versteht die spirituelle Begleitung als Aufgabe aller beteiligten Berufsgruppen und Institutionen. Dafür wurde ein Instrument entwickelt (SPIR[25]), um im klinischen Kontext Spiritualität zum Bestandteil einer »spirituellen Anamnese« zu machen und spirituelle Bedürfnisse und Ressourcen abzufragen.

Aus den Reihen der Medizin gibt es dazu auch kritische Anfragen hinsichtlich der Gefahr, Spiritualität von ihrer Machbarkeit und Verwertbarkeit her zu beurteilen und zu instrumentalisieren:

»Wenn man die Spiritualität nur danach bemisst, welche Wirkungen sie auf das Befinden, ja sogar auf den Körper des Menschen entfalten kann, hat das zur Folge, dass sie nur dann für relevant gehalten wird, wenn sie positive und nachweisbare Wirkungen im Individuum hervorruft«[26] – so der Mediziner Giovanni Maio.

Spiritualität als Haltung, wie sie in allen Religionen gelebt wird, muss außerhalb jeder Machbarkeit und Verfügbarkeit bleiben.

Viele Definitionen von »Spiritual Care« bemühen sich, jenseits von verfasster Religion möglichst neutral zu sein und jeden Transzendenzbezug zu vermeiden. Sie versuchen damit, möglichst alle religiösen Zugehörigkeiten und weltanschaulichen Sinnentwürfe einzubeziehen. Im Respekt vor der Vielfalt der Lebensentwürfe wollen sie »weltanschaulich neutral« sein. Isolde Karle stellt jedoch zu Recht die Frage, ob das möglich ist, denn:

»Faktisch lebt jeder Spiritual Care Giver mit einer impliziten oder expliziten Anthropologie, mit gewissen Grundannahmen und Plausibilitäten im Hinblick auf eine religiös oder nicht-religiös getönte Spiritualität.«[27]

Doris Nauer sieht die Problematik mancher Definition darin, dass der zugrunde liegende Spiritualitätsbegriff zwar weit ansetzt, um niemanden auszuschließen, gleichzeitig aber insofern sehr eng ist, als »er ausschließlich auf rein innerweltliche, sprich horizontale Inhalte begrenzt wird. Weit wäre er demnach erst dann, wenn ausdrücklich die außerweltlich-vertikale Perspektive, sprich der persönliche Bezug zum Transzendenten, Göttlichen, Heiligen, Numinosen und Geheimnisvollen ins Spiel kommt.«[28]

Erhard Weiher spricht davon, »das Leben in einen größeren Horizont zu stellen«[29]. So ist für ihn Spiritualität »jede – positive wie negative – Erfahrung, bei der sich der Mensch mit dem Geheimnis des Lebens – als heiligem Geheimnis – in Verbindung weiß«[30].

Palliative Spiritualität – eine Annäherung

Für eine im Hospiz- und Palliativkontext gelebte Spiritualität betrachten wir den Mantel sowohl als alltagspraktischen Gegenstand wie auch als Symbol auf verschiedenen Ebenen und als zentrale Hospizmetapher. Wir stützen uns auf einen reflektierten Erfahrungsschatz aus der Begleitung sterbender und trauernder Menschen. Am Ende der Ausführungen benennen wir »Zwei Säulen« und »Haltungen« Palliativer Spiritualität. Die Fülle der dargestellten Aspekte wird miteinander verwoben und verdichtet und bildet eine Grundlage, um den Begriff der Palliativen Spiritualität zu diskutieren und weiterzudenken. Es ist unser Anliegen, aus reflektierter Hospizerfahrung heraus praxisnahe Impulse für eine gelebte Spiritualität zu geben, die inspirierend sein können für jede spirituelle Suchbewegung mitten im Leben. Palliative Spiritualität ist ein Praxismodell, das die in der Hospiz- und Palliativbewegung zentrale Mantelmetapher als Schlüsselbegriff durchbuchstabiert. Die Definition von Spiritualität der EAPC (European Association for Palliative Care) beziehen wir in unsere Reflexion mit ein:

»Spiritualität ist die dynamische Dimension des menschlichen Lebens, die sich auf die Art und Weise bezieht, in der Menschen, als Einzelne und in Gemeinschaft, Sinn, Ziel und Transzendenz erfahren, ausdrücken und/oder suchen.

Sie ist auch die Art und Weise, in der Menschen sich mit dem Augenblick, mit ihrem Selbst, mit anderen, mit der Natur, mit dem (für sie) Bedeutungsvollen und/oder mit dem Heiligen in Beziehung setzen.

Das Feld der Spiritualität ist mehrdimensional:

1. Existenzielle Herausforderungen (z. B. Fragen bezüglich Identität, Sinn, Leiden und Tod, Schuld und Scham, Versöhnung und Vergebung, Freiheit und Verantwortung, Hoffnung und Verzweiflung, Liebe und Freude).
2. Wertorientierte Überlegungen und Einstellungen (Prioritätensetzungen eines Menschen z. B. bezüglich seiner Beziehungen zu sich selbst, zur Familie, zu Freunden, zu Arbeit, Dingen, Natur, Kunst und Kultur, zu Ethik und Moral und zum Leben als solches).

3. Religiöse Überlegungen und Grundlagen (Glaube, Überzeugungen und Praxis, Praktiken oder Übungen, die Beziehung mit Gott oder dem Absoluten).«[31]

Diese Definition steckt ebenfalls einen weiten Horizont, benennt jedoch im Unterschied zu anderen Definitionen ausdrücklich den »Transzendenzbezug«. Darüber hinaus ist auch der Beziehungsaspekt (»die Beziehung mit Gott oder dem Absoluten«) impliziert. Diese Aspekte sind für die folgenden Ausführungen wesentlich, denn als Autorinnen erheben wir nicht den Anspruch, weltanschaulich neutral zu sein. Unsere Reflexionen beziehen sich auf die Begleitungen in einem christlich geprägten Hospiz. Gleichzeitig gilt für uns der in jedem Hospiz gestellte Anspruch einer interkulturellen und interreligiösen Kompetenz. Wir leben diese Kompetenz in Begegnungen wie z.B. bei einem Austausch mit tibetischen Mönchen im Hospiz[32], einem groß angelegten Schulungsprojekt mit alevitischen Seelsorgern oder beim Erstellen eines Curriculums, das Ehrenamtliche in der Begleitung trauernder, traumatisierter Geflüchteter unterstützen soll. Wir erweitern sie in jeder Begegnung mit glaubenden, suchenden und zweifelnden Menschen unterschiedlicher weltanschaulicher Zugehörigkeit, die sich vertrauensvoll öffnen und von ihren kostbarsten und heiligsten Hüllen erzählen.

Der Mantel als Kleidungsstück und Symbol

Der Mantel, das Pallium, ist nicht nur das Schlüsselwort in der Hospiz- und Palliativbewegung geworden. Er kann darüber hinaus als alltäglicher Gegenstand in vielfältiger Weise zum Symbol werden. Unterschiedliche Aspekte von Mänteln und Kleidung im Allgemeinen machen dies deutlich.

Kleider machen Leute

Höschen und Jäckchen vorzubereiten, gehört zur Vorfreude auf ein erwartetes Baby. Sich für ein letztes Hemd zu entscheiden, ist weniger selbstverständlich, ist jedoch für immer mehr Menschen Teil ihrer Vorbereitung auf den Tod. Mit bewusst gewählten Kleidern markieren wir biografisch einschneidende Ereignisse und präsentieren uns.

Der Mantel ist die äußerste Schicht unserer Kleidung, darunter gibt es weitere verschiedene Hüllen: Jacken, Sakkos, Hemden, Blusen, T-Shirts, Pullover, Tücher, Dessous … Kleider haben zunächst einfach die Funktion, Schutz vor Kälte zu bieten und vor Verletzungen und indiskreten Blicken zu schützen. In der Regel ziehen wir uns selbst an. Einem anderen, z. B. Kindern oder Kranken, Kleider anzuziehen, ist ein Zeichen von Fürsorglichkeit, jemanden in den Mantel zu helfen Ausdruck von Höflichkeit und Aufmerksamkeit. So haben Kleider nicht nur eine Funktion, sondern sie stehen für vieles.

Kleidung hat etwas mit Persönlichkeit, Identität und sozialem Status zu tun. Sie kann dazu beitragen, die eigene Individualität zu betonen und zu stärken. Wie authentisch jemand in seinen Kleidern erlebt wird, ist nicht unbedingt davon abhängig, wie modisch oder hochwertig die Kleidungsstücke sind. Kleider können den Auftritt eines Menschen betonen, weil sie auf den aufmerksam machen, der sie trägt. Und wie sie oder er die Kleidung trägt! Dabei können Gürtel, Rüschen, High Heels, ein Hut, ein buntes Kleid oder seidene Krawatten in gleicher Weise Zeichen für den sozialen Status und die Eigenheit eines Menschen sein wie die abgewetzten Hosen. Weil heute nonkonformistische Kleidung leicht als Massentrend vermarktet wird, ist es nicht mehr so einfach, mit abgewrackten Kleidern aufzufallen. Sich mit besonderer Kleidung vom Mainstream abzuheben, ist nicht mehr so ohne Weiteres möglich, weil alles möglich ist.

Kleidung sagt etwas aus über Eitelkeiten und Selbstsicherheit, über Stil und Haltung, über Präsenz und Erreichbarkeit. Botho Strauß beschreibt eindrücklich, wie sein Vater, obwohl er zu Hause arbeitete, sich täglich kleidete, als ob er einen hochbedeutsamen Termin hätte. Auch zu Hause an sorgfältiger Kleidung festzuhalten, gab ihm die Würde, die er angesichts seiner gesellschaftlich wenig angesehenen Stellung zu verlieren drohte:

»Die Morgentoilette war das unverzichtbare Zeremoniell einer häuslich-heroischen Selbstbehauptung. Es ging darum, Figur zu machen, sich abzuheben von den gewöhnlichen Zeitgenossen, die sich vernachlässigten. Er arbeitete, solange ich ihn wahrnahm, in der eigenen Wohnung und setzte sich stets sorgfältig gekleidet an den Schreibtisch.«[33]

Geradezu tragisch beschreibt Nikolai Gogols Novelle »Der Mantel«, wie existenziell Kleidung sein kann. Sie erzählt von einem kleinen, unbedeutenden Beamten, für den nur seine Arbeit, das Kopieren von Dokumenten, wichtig war. Wie er aussah, wie er gekleidet war, war ihm völlig gleichgültig: »Er dachte nicht einmal an seine Kleidung. Seine Uniform, die ursprünglich grün war, hatte eine rötliche Farbe angenommen.«[34] Einen neuen Mantel lässt er sich deshalb machen, weil der alte sich nicht mehr flicken lässt. Plötzlich konzentriert er sich ganz auf diesen neuen Mantel, der ihn viele Entbehrungen gekostet hat.

Von dem Moment an, in dem er sich auf den neuen Mantel freut und ihn vor seinem inneren Auge sieht, ist es, »als ob seine Natur sich vervollständigt, als ob er geheiratet hätte, als besäße er eine Genossin, die ihn auf seinem Lebenswege begleitete – und diese Genossin war das Bild seines Mantels, den er, ordentlich wattiert und gefüttert, vor sich sah«[35].

Der Mantel beschert ihm schließlich seine glücklichsten Stunden – bis er ihm gestohlen wird, was ihm nicht nur seine neue Identität zerstört, sondern ihm sein Leben nimmt.

Der 2018 in den Kinos angelaufene Film »Der seidene Faden« von Paul Thomas Anderson beschreibt eindrücklich die identitätsstiftende Funktion von Kleidung. Im London der Fünfzigerjahre stößt ein alternder Modezar unter vielen Frauen, die ihm Inspiration sind und die er wie abgetragene Kleidungsstücke wieder ablegt, auf Alma, eine Serviererin. Sie entwickelt dank seiner Kleider ein Selbstbewusstsein, mit dem sie ihm trotz seiner Machoallüren eine gleichwertige, ja sogar überlegene Partnerin wird. Als er die ersten Kleider für sie entwirft, wird ihr bewusst, wie sie bisher alles an sich hässlich fand. In seinen Kleidern kann sie sich selbst mögen. In seinen Kleidern kann sie sich spielerisch zeigen, ist sie schön, erregt Aufsehen und bewegt sich auch in einem ihr fremden gesellschaftlichen Umfeld souverän. In den Kleidern, die ihr der Geliebte auf ihren Leib schneidert, hat sie zu sich selbst gefunden und wagt auch, sich ihm mutig entgegenzustellen.

Kleidung steht in einem komplexen Wechselspiel zwischen dem Einzelnen und den Gruppierungen, in denen er sich bewegt. Sie gliedert in die soziale Ordnung ein und ist ein Spiegel für materielles Wohlergehen. Wie sehr modische Kleidung zur Frage von Akzeptanz und Ablehnung werden kann, erfahren die Kinder, die sich keine Kleider der jeweils gerade angesagten Labels leisten können.

Nacktheit, Erotik und Scham

Mit einem Blick ins Gesicht und einem Handschlag nehmen wir in unserer Kultur erstmals Kontakt mit einem anderen, noch unbekannten Menschen auf. Wir begegnen uns also auf den ersten Blick nackt, nehmen das (i.d.R. unverschleierte) Gesicht wahr und beurteilen es:

hübsch, hässlich, sympathisch, abstoßend. Das Gesicht ist »von innen / beschriebenes / Pergament: / Seele und gesponnene / Asche«, so drückt es der Dichter Richard Exner aus. Und weiter: »wir halten es / hinaus hinunter vielleicht / hinauf: / es ist das allersterblichste / an uns.«[36]

Die nackte Haut ist die Kontaktstelle zur Umwelt und dient dem Körper gleichzeitig als Grenze. Sie fungiert als äußere Schutzhülle, reguliert die Temperatur und gilt als Spiegel der Seele. Wem die Röte ins Gesicht schießt und wer eine Gänsehaut bekommt, zeigt etwas von seinen Gefühlen. Von allen Sinnen hat der Tast- und Fühlsinn die größte stimulierende Kraft, über die nackte Haut empfängt der Körper heilende Kräfte. Zärtliche Berührungen, eine Umarmung, eine Massage und Einreibungen mit duftenden Ölen gehören zu den Wohltaten, die noch möglich sind, wenn jemand in all seinen anderen Sinnen eingeschränkt ist. Wer nichts mehr hört, sieht, schmeckt oder riecht, kann immer noch den Körperkontakt wahrnehmen und genießen. Gleichzeitig ist extremer Juckreiz ein häufiges und quälendes Leiden bei schwerkranken Menschen, er wird mitunter schlimmer wahrgenommen als Schmerz.[37]

Wir kommen nackt auf die Welt und Kinder lieben es, nackt zu sein. Wenn sie frieren, scheinen sie das erst spät zu spüren. Das Glück, nicht oder wenig bekleidet zu sein, ist stärker als die Kälte. Kinder schämen sich auch nicht ihrer Nacktheit, es ist für sie der Normalzustand und sie erfahren sich umhüllt und von den Eltern geschützt.

Im vertrauten Raum kann der Mensch sich nackt zeigen und sich im Spiegel des geliebten Menschen als schön wahrnehmen. Sich niemandem nackt zeigen zu dürfen, kann schmerzlich sein. Und einen nackten Menschen zu verspotten oder ihm Gewalt anzutun, ist besonders demütigend. In der Öffentlichkeit sind wir in der Regel bekleidet, andernfalls wären wir schutzlos. Öffentliche Nacktheit ist mit Tabus, mit Verlegenheit und Scham verknüpft, ja es gilt sogar gesetzlich als Ordnungswidrigkeit, sich auf offener Straße nackt zu zeigen (§ 118 OWiG). Es sei denn, man bewegt sich in Räumen, in denen alle nackt sind, wie in der Sauna oder an FKK-Stränden. Dort will man dann auch keine vereinzelten Bekleideten haben.

Wann der Mensch das Gefühl der Scham entdeckte und welchen Zusammenhang es zwischen zunehmender Verhüllung des Körpers und ansteigendem Zivilisationsgrad gibt, ist ungeklärt. Ob Scham etwas Anerzogenes ist, wie Norbert Elias es in seinem Prozess der Zivilisation beschreibt, oder ob Menschen aller Gesellschaften und Zeiten eine Körperscham empfanden und ihre Intimsphäre schützen wollten, wie der Ethnologe Hans Peter Duerr es behauptet[38], ist offen. Scham hat auf jeden Fall etwas mit Selbstwahrnehmung und Fremdbeobachtung zu tun. Nackt sein kann ich dort, wo ich mir sicher bin, dass keiner meine Nacktheit ausnützt bzw. wo ein großes Vertrauen da ist. Scham ist ein Gefühl, das beim Menschen stark ausgeprägt ist und das verstärkt wird, wenn jemand sich sowieso ausgeliefert empfindet (z. B. in Krankheit). »Wenn der Kranke hinfällig wird, ist es für ihn immer schwieriger, seine Würde zu bewahren. Schon bei so banalen Dingen wie dem Anziehen der Unterhose wird man abhängig. Die eigene Intimität ist nicht mehr geschützt.«[39]

Dass Nacktheit eine große Würde, Erotik und Ästhetik haben kann, finden wir in der Kunst anrührend schön oder verstörend intim dargestellt. Eindrücklich sind Darstellungen des alttestamentlichen David, der als der scheinbar Schwache einem überstarken Goliath nackt entgegentritt. Michelangelos David vor dem Rathaus in Florenz ist dafür ein beeindruckendes Beispiel. Die Statue verherrlicht die Kraft und die Schönheit des Menschen. Mit nacktem Körper geht er dem bevorstehenden Kampf auf Leben und Tod entgegen. Er strahlt in seiner Nacktheit eine Souveränität und Schönheit aus, die scheinbar keinen Schutz braucht. Nacktheit hat in der Kunst eine eigene Ästhetik und sagt etwas darüber aus, wie die nackte Person in der Welt steht.

Bei den alttestamentlichen Trauergewändern war der Trauernde unter dem Trauergewand nackt. So wurde die eigene Sterblichkeit bewusst gemacht und gezeigt, dass im Tod und in der Trauer alle Menschen gleich sind. Wenn der Tod in die Welt der Lebenden einbricht, verschieben sich die Grenzen zwischen Leben und Tod. Deshalb werden Kleider, die Grenzen markieren, abgelegt.[40]

Ein eindrücklicher Mythos über die Nacktheit ist die Paradieserzählung. Zunächst sind Mann und Frau dort ganz selbstverständlich nackt, sie sind sich dessen jedoch nicht bewusst und schämen sich auch nicht (Gen 2,25). Die Geschichte erzählt vom Bewusstwerden der eigenen Nacktheit wie auch von der Erfahrung, von Gott ummantelt zu werden. Im ungebrochenen Vertrauen zu Gott gehörte sie zum Paradies. Erst als die Verlässlichkeit zwischen Mensch und Gott, zwischen Mensch und Mensch durch die Schlange hinterfragt wurde, war es für den Menschen beschämend, nackt zu sein. Es ist eine verstörende Einsicht zwischen Menschen, wenn »an die Stelle der Nacktheit ohne Scham eine Nacktheit tritt, die bedeckt werden muss«[41].

Adam und Eva bedeckten ihre Scham notdürftig mit Feigenblättern. Eine wirklich schützende Hülle konnten sie sich selbst nicht geben. Aber Gott überließ sie nicht unverhüllt der Welt jenseits des Paradieses. Fürsorglich machte er für beide »Gewänder von Fell und bekleidete sie damit« (Gen 3,21), bevor sie das Paradies verlassen mussten. Dieses irdische Kleid bleibt jedoch Zeichen der menschlichen Schutzbedürftigkeit.

Kleider- und Mantelgeschichten der Bibel

Auch in vielen anderen Erzählungen der Bibel hat Kleidung, insbesondere der Mantel, eine große Bedeutung.

Im alten Israel wurde der Mantel als Pfand gegeben, d. h. der Besitzer verbürgte sich mit seinem Mantel. Wie wesentlich der Mantel für seinen Besitzer war, wird an der gängigen Regel deutlich, dass er vor dem Abend seinem Besitzer wieder zurückgegeben werden musste. »Bei Sonnenuntergang sollst du ihm sein Pfand zurückgeben. Dann kann er in seinem Mantel schlafen, er wird dich segnen« (Dtn 24,13). Der Mantel schützte seinen Besitzer also nicht nur bei Tag gegen Hitze und Kälte, sondern war ihm auch nachts eine schützende Hülle.

In der Geschichte von Josef und seinen Brüdern (Gen 37–50) schenkte deren Vater Jakob seinem Lieblingssohn Josef einen kostbaren Mantel als Zeichen der Auserwählung. Er bevorzugte ihn damit ganz offensichtlich. Die Brüder, die nicht nur an der fehlenden Gleichbehandlung durch den Vater litten, sondern Josefs selbstgefälliges und eitles Getue nicht ertrugen, warfen ihn eines Tages in eine Zisterne. Bevor sie ihn hineinwarfen, zogen sie ihm das Gewand aus, an dem sie ihre Eifersucht festmachten. Sie beschmierten es mit Tierblut und brachten es als Zeichen für seinen Tod nach Hause. Sie fragten den Vater, ob das tatsächlich Josefs Rock sei, und stellten sich so als Unwissende dar. Der Vater erkannte den Mantel sofort. Ihn in Händen zu halten, war für Jakob der sichere Beweis, dass sein geliebter Sohn tot war.

Der Mantel wurde zum eindrücklichen Zeichen für Leben und Tod. Jakob tat, was alle Trauernden im alten Israel taten: »Jakob zerriss seine Kleider, legte ein Trauergewand an und trauerte um seinen Sohn viele Tage« (Gen 37,34).

Auch als Symbol der Initiation war der Mantel bedeutsam: Als der große Prophet Elija den Auftrag bekommen hatte, Elischa an seiner Stelle zum Propheten zu salben, ging Elija zu Elischa und warf »im Vorbeigehen … seinen Mantel über ihn« (1 Kön 19,19). Damit war diesem der Auftrag übergeben. Doch zunächst geschah gar nichts. Elischa war noch nicht vorbereitet, den Mantel gleich aufzunehmen. Er feierte ein Fest mit seinen Freunden und machte sich dann auf den Weg mit Elija. Erst als Elija den Jordan überquerte und vor seinen Augen zum Himmel fuhr, begriff er, was der Mantel bedeutete. Er nahm Elijas Mantel an und schlug damit auf den Jordan, sodass dieser sich teilte. Mit dem Mantel war die Fähigkeit, Wunder zu tun, auf ihn übergegangen.

Als Jesus sich mit drei seiner engen Freunde auf den Berg Tabor zurückgezogen hatte, erkannten sie das Göttliche in ihm, das an seinen Kleidern sichtbar wurde. Es war ein großes Strahlen, das aus ihm kam und den Kleidern ein überirdisches Leuchten verlieh. Sie sahen ihn mit neuen Augen und »seine Kleider wurden strahlend weiß, so weiß wie sie auf Erden kein Bleicher machen kann« (Mk 9,3).

Ein Zeichen war die Kleidung auch in der Geschichte vom verlorenen Sohn. Das beste Gewand, einen Ring und Sandalen schenkte der Vater seinem Sohn, der zurückkam, nachdem er sein Erbe verjubelt hatte. Er wollte keine Erklärung, sondern hüllte ihn ohne viele Worte in den Mantel des Verzeihens. Eine starke Zeichenhandlung, die den

Gescheiterten nicht nur nicht zur Rede stellte, sondern sogar sein Scheitern bedeckte: »Der Vater aber sagte zu seinen Knechten: Holt schnell das beste Gewand und zieht es ihm an, steckt einen Ring an seine Hand und gebt ihm Sandalen an die Füße!« (Lk 15,22).

Jesu Präsenz und Heilkraft war für viele Menschen so eindrücklich, dass sie schon im Berühren seiner Kleidung daran Anteil bekamen. So wird beschrieben, wie Kranke Jesu heilende Kraft erfuhren, indem sie versuchten, seine Kleider anzufassen: »Und immer, wenn er in ein Dorf oder eine Stadt oder zu einem Gehöft kam, trug man die Kranken auf die Straße hinaus und bat ihn, er möge sie wenigstens den Saum seines Gewandes berühren lassen. Und alle, die ihn berührten, wurden geheilt« (Mk 6,56).

Dass Kleider und Mäntel für die Würde eines Menschen stehen und deshalb auch Gegenstand der Demütigung sein können, beschreibt die Jesusgeschichte erschütternd: Nachdem Jesus gekreuzigt worden war, nahmen die Soldaten »seine Kleider und machten vier Teile daraus … Sie nahmen auch sein Untergewand, das von oben her ganz durchgewebt und ohne Naht war« (Joh 29,23). Die entwendeten Kleider wurden zum Zeichen der Erniedrigung, die schon begonnen hatte, als die Soldaten Jesus verspotteten, indem sie ihm einen roten Mantel umlegten und eine Dornenkrone aufsetzten. Die Verspottung war so erbärmlich, dass Pilatus versuchte, der aufgeregten Menge ihre Unmenschlichkeit vor Augen zu führen und ihren Blick für den Menschen Jesus zu öffnen. Denn er fand bei Jesus keine Schuld: »Seht, da ist der Mensch« (Joh 19,5).

Diese Hinweise geben einen Einblick in die große alltagspraktische und symbolische Bedeutung von Mänteln und Kleidern zu biblischer Zeit. Auch in der Heiligenverehrung sind sie bedeutsam. Als ob etwas von der Kraft und Präsenz dieser Menschen darin zu finden wäre. So wird in Chartres ein Mantel Marias aufbewahrt, in Trier wird der »Heilige Rock«, in Turin das Grabtuch und in Paris die Mantelreliquie des heiligen Martin verehrt bzw. aufbewahrt. Mag das heute auch befremdend sein oder gar provozieren und zu symbolischen Gegenhandlungen herausfordern[42], so ist diese Kleiderverehrung als Phänomen doch bemerkenswert.

Sich häuten, um zu wachsen

Für Menschen im Hospiz ist es wichtig, nicht nur ummantelt zu werden, sondern auch verletzbar sein zu dürfen und einengende Hüllen abzulegen. In der Zeit des Sterbens und der Trauer geschieht eine große Wandlung, deutlich wahrnehmbar oder auch verborgen. Menschen können im Sterben oder in der Zeit der Trauer eine Eigenschaft ins Leben bringen, die noch nicht sein durfte oder nicht gesehen wurde. Vielleicht, weil sie sich nicht getraut haben, sich so zu zeigen, wie sie sind. Oder weil andere ihnen zu viele Mäntel umgehängt haben. So ist die Zeit im Hospiz für manche eine Chance, Unpassendes abzulegen und das zu leben, was bisher nicht lebbar war.

Dann sind Kinder erstaunt, dass die liebevolle, fürsorgliche Mutter am Lebensende anspruchsvoll und egoistisch oder der jähzornige Vater unbegreifbar sanft und zärtlich wird. Menschen können sich bis zum Schluss häuten und wachsen. Vielleicht muss noch etwas gelebt werden, das nach außen nicht vermittelbar ist. Begleitende in der Hospiz- und Palliativarbeit legen nicht nur einen schützenden Mantel um Prozesse der Wandlung, sondern sie bieten bei Bedarf auch »Kleiderhaken« an, an denen alte, nicht mehr passende Mäntel (Lebenskonzepte, Selbstbildnisse etc.) abgelegt werden dürfen. Manche Gäste hinterlassen nach dem Tod ihre »abgelegten Mäntel« und die MitarbeiterInnen im Hospiz müssen schauen, wie sie damit umgehen. Möglicherweise ist ein Ritual notwendig, um sich von den Hinterlassenschaften des Gastes zu verabschieden.

Auf den Aspekt der Häutung hat uns die Künstlerin Astrid J. Eichin aufmerksam gemacht. Dass sie sich intensiv mit »Hüllen und Häuten« befasst, hat mit einem eindrücklichen Erlebnis zu tun. Sie schreibt dazu:

»Die Idee der Hüllen und Häute geht auf eine Begegnung zurück, die ich in Maine (USA) hatte, wo ich einige Zeit auf einer kleinen Insel lebte. Beim Blick über das Meer sieht man allerorten Bojen, die die Stellen markieren, an denen sich Hummerkäfige befinden. Lobster heißen die Tiere dort. Die Hummer haben – wie alle Schalentiere – eine harte, kalkige Hülle. Ich erfuhr von einem der Hummerfischer, dass die Hummer sich häuten (müssen), um zu wachsen. Das Wachstum findet nur in der Zeit statt, in welcher der Hummer eine sogenannte ›softshell‹ – eine ganz weiche und verletzliche Haut hat. Dieses Bild – ›sich häuten, um zu wachsen‹ und damit phasenweise auch ›dünnhäutig‹ zu sein – begleitet mich seither. So sind meine Häute entstanden.«

Dieser Grundgedanke findet seinen künstlerischen Ausdruck in der Entstehung diverser »Hüllen und Häute«, auf die wir im nächsten Kapitel ausführlich eingehen.

In der Zeit, in welcher der Mensch eine weiche und verletzliche Haut hat, geschieht Wachstum. Verletzlichkeit, Vulnerabilität ist ein Begriff, der in vielen wissenschaftlichen Disziplinen bedeutsam ist. Er wird meist mit Risiko, Mangel und sonstigen negativen Aspekten verbunden. Hier bekommt er jedoch eine positive Konnotation. Auch das Christentum spricht dem verwundbaren Leben Heilsbedeutung zu, während ansonsten das »Fenster der Verwundbarkeit«[43] möglichst dicht geschlossen werden soll.[44] Gott geht das Wagnis der Verwundbarkeit ein, indem er in Jesus von Nazareth Mensch wird, sich freiwillig der menschlichen Verwundbarkeit aussetzt und sich mit dem verletzbaren Menschen solidarisiert.[45]

Für Trauernde ist der Gedanke der Häutung und Wandlung zentral: Sie müssen ihr altes Leben mit den Verstorbenen ablegen und einen eigenen Weg ohne sie finden. Gleichzeitig wollen sie innerlich die Verbindung zu ihnen halten. Der Tod ringt allen Beteiligten Verwandlung ab. Trauernde im Hospiz haben dies kreativ zum Ausdruck gebracht, indem sie selbst mit verschiedenen Materialien Mäntel gestaltet haben. In der Frage danach, welchen Mantel sie ablegen und welchen sie in der Trauer anlegen wollten, ist für viele die Sehnsucht nach Neuem, aber auch die Last der alten Hüllen sichtbar geworden. Trauernde Menschen sind dünnhäutig und verletzbar – das ist ihre Chance zu wachsen. Gleichzeitig ist es ihre Not, weil das Umfeld ihre Veränderung oft gar nicht akzeptiert. Deshalb ist es naheliegend, die eigene Trauer zu verhüllen, Gefühle zu verbergen und ein Gesicht zu zeigen, das die Verletzbarkeit nicht erkennen lässt.

Das letzte Hemd

Das tatsächlich letzte Hemd ist für sterbende Menschen von unterschiedlicher Wichtigkeit. Meistens möchten sie etwas Festliches anziehen oder etwas, das sie an ein biografisch wichtiges Ereignis erinnert, vielleicht eine Lieblingskleidung. Einmal war es für eine Frau das Brautkleid, das war emotional für die Angehörigen schwer auszuhalten. Was noch für die Großeltern Brauch war, das Totenhemd im Schrank an einem allen bekannten Ort aufzubewahren, kommt vereinzelt wieder ins Bewusstsein. Ein Leichenhemd parat zu haben und es in den Schrank zu legen, gibt manchen Menschen das Gefühl, gut vorbereitet zu sein.

Die Frage nach den Kleidern, die eine Verstorbene oder ein Verstorbener tragen soll, kann ein Türöffner sein, um mit der oder dem Sterbenden und den Angehörigen in ein bedeutsames Gespräch zu kommen. An der Wahl der letzten Kleidung machen sich Lebensgeschichten fest. Die Frage zu stellen, was jemand nach dem Tod anziehen möchte, ist noch kein Alarmsignal, dass es die nächsten Tage zu Ende geht. Aber es ist ein deutlicher Hinweis, dass es Zeit ist, sich der Möglichkeit des nahen Todes nicht mehr zu verschließen. Und dass wir einen verstorbenen Menschen mit seiner »leiblichen Hülle« auch nach dem Tod noch ehren können. Für die Angehörigen ist es ein großer Trost, wenn die Verstorbenen »schön« aussehen. Das gibt ihnen Würde.

Manchmal zeigt sich am Menschen in seinem letzten Gewand etwas, das staunen lässt. So bei einem jungen Mann, Mitte 20, der an ALS[46] erkrankt war. Kaum bewegungsfähig, konnte er auch nicht mehr sprechen. Offensichtlich hatte er in Deutschland aufgrund seiner Migrationsgeschichte keine familiären Kontakte, sodass Mitglieder einer Freikirchengemeinde die wichtigsten Besucher waren. Als sein Zustand sich verschlechterte, war es Nacht und es gab keinen nahen Menschen, den man hätte rufen können. Deshalb setzten sich die diensthabende Pflegefachkraft und eine Ehrenamtliche zu ihm. Er verstarb in ihrem Beisein. Gemeinsam wuschen sie ihn und richteten ihn her. Bei der Frage, welche Kleidung am besten zu ihm passen würde, entnahmen sie dem Kleiderfach eines seiner bunten Polohemden.

Sie wollten ihm noch etwas Farbe mitgeben. Was sie jedoch erst sahen, als er das Hemd bereits anhatte, war der Satz, der aufgedruckt war: »Today is the first day of my new life.« Für die Mitarbeiterinnen war dies ein tröstlicher Satz, den sie einem Menschen, dessen Leben so abgebrochen und unvollendet erschien, gerne mitgaben.

Im Hospiz gehört der behutsame Umgang mit dem Leichnam eines Verstorbenen zur guten palliativen Begleitung. Es ist ein Ausdruck von Respekt, das letzte Kleidungsstück sorgfältig auszuwählen. Für die Angehörigen wird in diesem letzten Kleid, wenn es bewusst ausgewählt wird, die gemeinsame Lebensgeschichte greifbar. Oder der Mensch zeigt sich noch einmal mit dem, was im Leben wichtig war. So war es einer begeisterten Bergsteigerin wichtig, ihr nach dem Tod Wanderkleidung anzuziehen und Rucksack und Stiefel aufs Bett zu legen.

Kleider in der Trauer

In biblischer Zeit zerrissen Trauernde ihre Kleider und legten Trauergewänder an.[47] Diese waren nicht nur Ausdruck der Trauer, sondern ein Signal nach außen. Wie befreiend das Ablegen dieser Kleidung war, besingt der Psalmist: »Du hast mein Klagen in Tanzen verwandelt, mein Trauergewand hast du gelöst und mich umgürtet mit Freude« (Ps 30,12).

Noch vor zehn Jahren konnte es passieren, dass Frauen, die gerne Schwarz trugen, auf eine mögliche Trauersituation angesprochen wurden. Die Übereinkunft[48], nach der auf schwarze Trauerkleidung zu achten ist, galt und gilt zwar nicht mehr, wirkt jedoch unbewusst noch nach – obwohl Schwarz zur Modefarbe wurde.[49] In Ländern wie Süditalien oder Griechenland tragen Witwen noch heute bis zum Lebensende Schwarz.

Auch wenn wir keine Übereinkünfte mehr haben, ist Kleidung in der Zeit der Trauer in doppelter Hinsicht ein wichtiges Thema: im Blick auf die eigene Kleidung und noch mehr im Blick auf die Kleider des oder der Verstorbenen.

Es ist also zunächst die Frage, was die angemessene Kleidung in der Trauer ist bzw. wie man sich wohlfühlt. Diese Frage beschäftigt bei der Beerdigung und im Laufe der Trauerzeit immer neu. Junge Witwen entdecken zu ihrem Erstaunen, dass sie Schwarz als wohltuend und schützend erleben. Oder sie tragen sehr bewusst bunte Kleider, um ihre Kinder nicht zu belasten. Auf jeden Fall gehen viele in der Zeit ihrer Trauer sehr bewusst mit der Wahl ihrer Kleidung um, auch wenn das nach außen nicht unbedingt erkennbar ist.

Eine noch wichtigere Frage ist für viele Trauernde, was man mit den Kleidern der oder des Verstorbenen macht. Man kann sie nicht einfach entsorgen, wenigstens müssen sie noch einem guten Zweck dienen. Dieses Problem stellt sich meistens erst nach dem ersten Trauerjahr. Es ist selten, dass der Kleiderschrank des Verstorbenen sofort nach dem Tod geräumt wird. Bei vielen bleiben Mantel, Mütze und Schuhe des Verstorbenen noch lange an der Garderobe, dort, wo er sie abgelegt hat. Sie vermitteln beim Nachhausekommen in die leere Wohnung für kurze Zeit die Illusion, dass doch jemand da ist. Meistens hängt in den Kleidern noch der vertraute Geruch, den man festzuhalten sucht. Aber von diesen hängen gebliebenen Kleiderstücken erzählt man nur Menschen, denen man sehr vertraut. Und die Jugendlichen, die den Pullover des verstorbenen Vaters oder die Lieblingsjacke der Mutter tragen, erzählen das auch nicht jedem.

Manche Trauernde können ihre Erinnerungen und auch ihre Trauer an Kleider- und Mantelgeschichten festmachen. So bei einer Frau, die nach dem Tod ihrer Mutter noch einmal den Schmerz spürte, den sie als Kind am Tag ihrer Erstkommunion erlebt hatte. Beim Kaffeetrinken hatte sie versehentlich den Kaffee über das weiße Kleid geschüttet, was für sie selbst schrecklich war. Statt jedoch getröstet zu werden, musste sie erleben, wie ihre Mutter sehr zornig wurde. Nach dem Tod der Mutter war diese Geschichte wieder präsent, weil es für sie eines der schmerzlichsten Erlebnisse mit der Mutter war. Wie prägend das für die Trauernde war, drückte sie so aus: »Ich habe gelernt, dass ich aufpassen muss, nie mehr ein Kleid zu beschmutzen. Das hieß, möglichst keine Fehler zu machen.«

So wurde das Erstkommunionkleid zum Symbol einer großen

Trauer, die nicht so sehr dem Verlust der Mutter galt, als vielmehr der zu Lebzeiten nicht erfahrenen Liebe. Wichtig war zu begreifen, dass sie jetzt das Kleid aus Kindertagen ablegen und sich selbst etwas Schützendes anziehen konnte.

Eine andere Trauernde erlebte sich als Kind ausgeschlossen, weil andere Kinder sie aufgrund der ärmlichen Kleidung als »Flüchtlingskind« identifizierten. Weil die Mutter sich schämte, traute sie sich oft nicht, mit ihren beiden Töchtern auszugehen. Die Erfahrung, wegen der Kleider ausgegrenzt zu sein, war so existenziell, dass eine der Töchter Schneiderin wurde und dann – z. T. über ihre körperlichen Kräfte hinausgehend – alle Kleider für Mutter und Schwester selbst nähte. Beim Tod der Mutter war die Erinnerung, wie oft sie sich als Kind für die Kleidung geschämt hatte, ganz lebendig und sie erzählte von vielen Anlässen, zu denen sie der Mutter etwas Neues geschneidert hatte.

Hüllen in der Sterbe- und Trauerbegleitung

Im Rahmen der Ausstellung waren die BesucherInnen in der Begegnung mit den Gewändern eingeladen, ihre eigene Haltung hinsichtlich Leben und Tod zu reflektieren. Sie kamen in unterschiedlicher Weise mit den vielfältigen Aspekten der Mäntel in Resonanz, je nachdem, welche biografischen Themen für sie gerade im Vordergrund standen. Für Trauernde war es naheliegend, über ihre Erfahrungen mit dem Tod und ihrer Trauer nachzudenken und ins Gespräch zu kommen.

Häufig ging es um die Fragen, was wir angesichts des Todes noch zudecken, zuhalten, ummanteln müssen. Die Fragen »Wer bin ich heute?«, »Welchen Mantel trage ich heute?«, »Was möchte ich gerne verbergen?« konnten im inneren Dialog mit den Hüllen und Häuten zu eigenen Antworten führen.

So wurden die Mäntel zum Impuls, darüber nachzudenken, wie wir wachsen und uns häuten, wie wir alte Mäntel ablegen und neue Mäntel anlegen können.

Die von der Künstlerin Astrid J. Eichin gestalteten Mäntel standen in diesem Prozess im Vordergrund. Sie machten jedoch auch deutlich, wie lange und facettenreich das Mantelsymbol im Hospiz bereits präsent war.

Die Geschichte der Mäntel im Hospiz St. Martin

Mantel-Heilige

Das Hospiz St. Martin hat einen idealen Schutzpatron, denn der Mantel, den der heilige Martin mit einem Armen teilte, ist sein Erkennungsmerkmal geworden. Insofern ist er ein idealer Schutzherr für ein

Hospiz. Ein Mantel-Heiliger, der sozusagen palliativ erfahren ist! Der heilige Martin gab dabei nicht aus Überfluss etwas, was er nicht brauchte, sondern er teilte, was ihn geschützt hat, und wurde dabei selbst ärmer. Er tat dies, weil er die Not des Armen sah. Dabei riskierte er sein Ansehen, denn dieser Mantel war für ihn als Offizier auch ein Statussymbol. Mehr noch: Da der Mantel Eigentum des römischen Kaisers war, machte er sich mit der Mantelteilung sogar strafbar. Er hätte sich noch fester in seinen Mantel einhüllen und vorbeireiten können. Mit dem Teilen des Mantels stellte er sich in diesem Augenblick jedoch menschlich auf eine Ebene mit dem Bettler.

Wie sehr ihn diese menschliche Geste über sich selbst hinaushob und zur heiligen Geste wurde, verstand er in einem Traum, in dem Christus seinen Mantel trug. Martin erkannte in Christus den Armen und im Armen sah er Christus. Diese Mantelgeschichte setzte ein so beeindruckendes Zeichen, dass Menschen sich jedes Jahr am Martinstag an diese Tat erinnern. Diese nicht alltägliche Geste ist kein Appell an uns, sie nachzuahmen. Sie trägt in sich jedoch die Weisheit, dass palliative Handlungen uns manchmal etwas kosten, aber auch über uns selbst hinausweisen und einen größeren Lebenshorizont eröffnen können.

Der Mantel ist auch ein Motiv in der Marienverehrung. Maria ist in der Kapelle des Hospiz St. Martin in einer kleinen kostbaren Marienstatue präsent, die zwar nicht zum Typus der Schutzmantelmadonna gehört, jedoch – wie die meisten Mariendarstellungen – schön gekleidet ist mit elegantem Faltenwurf. Das Bild knüpft an den frühmittelalterlichen Rechtsbrauch der Mantelkindschaft an, der besagt, dass vor der Ehe geborene Kinder dadurch legitimiert wurden, dass die Frau sie bei der Trauung unter ihren Mantel nahm.[50] Dieser Brauch steht hinter der Verehrung der Schutzmantelmadonna, der zum Sinnbild der mütterlichen Barmherzigkeit Marias wurde.[51] Insbesondere im 14. und 15. Jahrhundert war Marias Mantel Schutz gegen Pest, Hunger und Krieg. Die Schutzmantelfrömmigkeit ist in dem Lied »Maria, breit den Mantel aus« zum Ausdruck des Glaubens frommer Menschen geworden, die in einer bedrohlichen Situation bei Maria Schutz, Zuflucht und Geborgenheit suchen:

Maria, breit den Mantel aus,
mach Schirm und Schild für uns daraus;
lass uns darunter sicher stehn,
bis alle Stürm vorübergehn.
Patronin voller Güte, uns allezeit behüte.

Dein Mantel ist sehr weit und breit,
er deckt die ganze Christenheit,
er deckt die weite, weite Welt,
ist aller Zuflucht und Gezelt.
Patronin voller Güte, uns allezeit behüte.[52]

Diese Mariendarstellung ist geprägt vom Lebensgefühl des mittelalterlichen Menschen, der sich eingebunden wusste in eine göttliche Ordnung. Bei aller Gefährdung stand er nicht allein da, sondern fand Schutz und Halt bei Gott und den Heiligen. Es ist für viele Menschen kein vertrautes Bild mehr, aber in Zeiten extremer Not ist es zutiefst menschlich, sich verkriechen und unter einem großen Mantel verbergen zu wollen.

An der Schutzmantelmadonna zeigen sich zwei ganz wichtige Aspekte des Palliums: die Abwehr von äußeren Bedrohungen und die Erfahrung, dass Mäntel so groß sein können, dass auch Menschen unterschiedlicher sozialer Herkunft Platz finden und sich nahekommen. Beides ist im Hospiz möglich: dass man einen Mantel braucht, mit dem man abwehrt, weil alles zu viel, zu bedrohlich ist, was von außen kommt. Und dass man erfährt, wie sich Menschen aller Schichten unter dem Schutzmantel des Hospizes treffen können. Gelegentlich werden im Hospiz, häufig im Raucherzimmer, Freundschaften zwischen Menschen geschlossen, die sich außerhalb des Hospizes nie und nimmer unter einem Mantel getroffen hätten.

Schwester Ludwinas Mantelkoffer

Es war Teil des Hospiz-Konzeptes von St. Martin, einen kleinen Schwesternkonvent zu installieren. Die Wahl fiel auf eine Gemeinschaft von Franziskanerinnen. Mit ihrer Menschlichkeit, ihrem Einfühlungsvermögen, ihrer Fähigkeit, im Gespräch und im Gebet präsent zu sein, passen sie gut in die Hospizlandschaft. Viele, insbesondere ältere Menschen, verbinden mit dem Ordenskleid Zuverlässigkeit und Vertrauen. Manchmal weckt es auch negative Erinnerungen aus der Kindheit, die in der Begegnung mit den Schwestern thematisiert werden können. Als gottverbundene und bodenständige Frauen haben die Franziskanerinnen von Anfang an das Haus und seine Ausstrahlung wesentlich geprägt und dies gut biblisch im Sinne von »allen bin ich alles geworden« (1 Kor 9,22). Sie sind verlässliche Begleiterinnen für Menschen, die im Gebet Kraft finden oder jemanden brauchen, der in der eigenen Sprachlosigkeit für sie betet. Sie sind erfahrene Gesprächspartnerinnen für die, die ihren Halt angesichts der Schwere ihres Sterbens verloren haben und zweifeln. Und sie sind für alle, die nichts glauben können oder einer anderen Religion angehören, tolerante, interessierte und liebenswerte Weggefährtinnen, die das Wagnis der Begegnung mit Fremdem nicht scheuen.

Interessant für das Mantelthema ist, mit welcher Zeichenhandlung ihr Ordensgründer, der heilige Franz von Assisi, seine Entscheidung für ein Leben mit Gott demonstrierte. Weil der Vater ihn hindern wollte, verzichtete er nicht nur auf sein Erbe, sondern legte alle Kleider ab und trat nackt vor den Vater, den Bischof und die versammelten Bürger von Assisi. Nackt sagte er sich von allen sozialen Bindungen los. Die modische Kleidung des reichen Kaufmannssohns und die elegante Ritterrüstung hatte er schon lange abgelegt.

Eine der Ordensschwestern, Sr. Ludwina, ausgebildete Krankenschwester und langjährige Seelsorgerin, hat bei ihrem Einzug einen kleinen Koffer mit sechs selbst angefertigten Mäntelchen mitgebracht. Jedes repräsentiert einen Aspekt von Sterbebegleitung, wie sie diese schon jahrzehntelang praktiziert. Es gehört zur Einführung von Ehrenamtlichen in der Trauerbegleitung wie auch der SchwesternschülerInnen und PraktikantInnen auf der Station, dass Sr. Ludwina anhand ihrer Mäntelchen in das Thema Palliative Care einführt. Die kleinen Gewänder versinnbildlichen für sie, welche Art der »Ummantelung« für die Gäste und Angehörigen im Hospiz notwendig und sinnvoll ist.

»Was heißt denn palliativ?«, ist ihre Eingangsfrage. Es geht ihr darum, den Begriff und seine Facetten im Erfassen der Mantelsymbolik mit den ZuhörerInnen zu erschließen. »Schützend etwas umlegen« entspricht der hospizlichen Haltung und ist gleichermaßen Schnittmuster für einen Mantel, der die Gäste umhüllen soll. Dabei schneiden wir individuell zu, wählen bei Bedarf einen wärmenden oder kühlenden Stoff aus, einer, der nicht zu schwer auf dem Körper lastet. Manchmal – wenn er nicht mehr passt – muss ein Mantel auch verändert werden, immer wieder, manchmal täglich. Wir nähen so, dass der Mantel nicht zu eng ist und das Kleidungsstück Bewegungsfreiheit schenkt, Luft zum Atmen lässt. Vielleicht benutzen wir für uns selbst einen Fingerhut, der uns beim Nähen schützen soll.

In der täglichen Arbeit versuchen wir, für alle einen individuell passenden Mantel zu gestalten. Schutz, Geborgenheit und Wohlbefinden soll das Kleid vermitteln, im besten Sinne passen und guttun.

Der erste von Sr. Ludwinas Mänteln ist aus weißem, luftigem Organza gefertigt. Verschiedene feine, transparente Stoffe wurden zu einem Kleid genäht, das horizontal und vertikal von dünnen roten Fäden durchzogen wird. Eine spitze Nadel fällt auf, die in einem glänzenden Revers steckt.

Menschen werden im Sterben durchsichtig, dünnhäutig, eigen, transparent, manchmal leicht. Es fließt immer noch Blut, aber wenig. Die menschliche Hülle sieht verletzt aus und ist verletzbar, zerbrechlich und fragil. Und doch wertvoll, einzigartig und kostbar – bis zum Ende.

Der zweite Mantel ist aus kraftvoll-dunkelrotem Baumwollstoff angefertigt, auf den bunte Puzzleteilchen appliziert sind. Die rote Grundfarbe steht für die Zuneigung und Liebe, die notwendig ist, um Menschen zu umsorgen und zu begleiten. »Die Aufgabe im Hospiz ist wie Puzzlearbeit«, meint Sr. Ludwina. Es bedarf vieler kleiner und großer Elemente, um das Ganze möglich zu machen und die vielfältigen Bedürfnisse berücksichtigen zu können.

Die Puzzleteile stehen für sämtliche Bereiche, die in einem Hospiz zum Gelingen der umfassenden Aufgaben beitragen.

Da ist zum einen die Station mit einem multiprofessionellen Team. Ein weiteres Element steht für die ambulante Lebens- und Sterbebegleitung, ein anderes für die Trauerbegleitung von Kindern, Jugendlichen und Erwachsenen, ein weiteres Teilchen vertritt den Kinder-

und Jugendhospizdienst. Ein Baustein repräsentiert den hauswirtschaftlichen Bereich, der für das leibliche Wohl der Gäste sorgt. Die Verwaltungsarbeiten, die im Sekretariat erledigt werden, gehören ebenso zu den vielseitigen Aufgabenfeldern wie die Tätigkeiten des Trägers, der Stiftung usw. Ein letztes Puzzleteilchen verweist auf die Servicedienste, wie z. B. hausmeisterliche Tätigkeiten und Reinigung.

Der dritte Mantel, aus einem leuchtenden, in Orangetönen gestreiften Stoff genäht und innenseitig gefüttert, zeigt einige kleine Porträts. »Die Menschen sind wichtig, die den individuellen Kontakt, das aufrichtige Gespräch mit Gästen und Angehörigen suchen.« Und es verlangt viele Personen mit unterschiedlichen Ausrichtungen, Befähigungen und Eigenschaften.

Zunächst wird fachlich qualifiziertes Personal benötigt, bestehend aus einer Gesamtleitung, Bereichsleitungen, Pflegekräften, HauswirtschafterInnen, TherapeutInnen, KrankenpflegeschülerInnen, PraktikantInnen … Ein Hospiz baut außerdem auf das abwechslungsreiche Engagement von Ehrenamtlichen, ohne die ein Hospiz gar nicht

denkbar wäre. Sie kümmern sich auf vielfältige Art und Weise in allen Bereichen um das Wohl von Gästen, Angehörigen und Trauernden.

Ein Foto steht für nahe Angehörige, Freundinnen und Freunde, die zwar angesichts der Betroffenheit oft hilflos sind, aber gemeinsam familiäres Miteinander zu leben versuchen.

Nicht zu unterschätzen sind die Zugehörigen, z. B. (frühere) ArbeitskollegInnen oder NachbarInnen, denn aus »früheren« Zeiten, in denen Arbeitskraft und Vitalität im täglichen Leben selbstverständlich waren, gibt es noch so vieles zu erzählen.

Eines der Porträts soll an Menschen in kirchlichen Diensten erinnern, die meist eher im Hintergrund viel Gutes tun. Gerade bei vereinsamten Menschen, die keine familiären Bezüge mehr haben, besteht manchmal bereits im Vorfeld des hospizlichen Aufenthaltes Kontakt. Sie besuchen die Gäste, organisieren würdevolle Beerdigungen, kümmern sich um die Auflösung der Wohnung und vieles mehr.

Nicht zuletzt sei die Seelsorge im Hospiz genannt: tägliches Gebet, stilles Teilen, Dasein sowie das Segnen der Kranken, Angehörigen und Sterbenden. Das schenkt Zuversicht in Lebenskrisen und Hoffnung auf ein Leben jenseits des irdischen Daseins.

Die Unterfütterung des Stoffes schließlich soll ein Hinweis darauf sein, dass die Hospizarbeit manchmal eine »dicke Haut« erfordert, dass man innerlich gekräftigt sein muss.

Der vierte Mantel trägt als einziger einen Namen: »Sterben ist sterben.« Er ist aus Metalldraht gefertigt und zeigt ein Kleid ohne Öffnung. Das kalte Material ist verbogen, an manchen Stellen kantig scharf. Am Kleiderbügel hängt ein Drahtgeflecht ohne stoffliche Substanz – nackt, bloß. Die menschliche Materie scheint aufgelöst. Sterben ganz direkt, in seiner endgültigen Realität. Sr. Ludwina meint dazu: »Der Mantel soll die Nacht des Todes ausdrücken.« Nackt sein bedeutet hier, dass man alles ablegen muss und darf, die ganze Schwere des Erdenkleides. Die menschliche Hülle bleibt zurück, bevor die Verstorbenen das Licht schauen.

»Sterben ist, was es ist.« Am Ende ist es ein einsames Geschehen und ein Weg, den man alleine gehen muss, über die Schwelle ins Licht der Verheißung. Mitunter, weiß Sr. Ludwina, ist es hart und mühevoll und schwer. Auch die Frage nach dem Warum steckt für sie in dieser Kargheit.

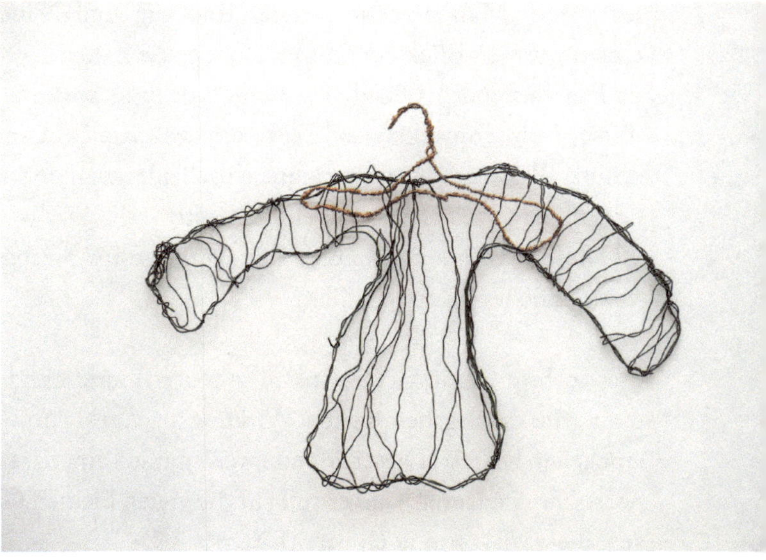

Der fünfte Mantel besteht aus einem erdig-braunen, strapazierfähigen Stoff, in den naturfarbene Wollfäden eingeflochten sind, zottelig, warm und weich. Sr. Ludwina ermutigt beim Vorstellen dieses Mantels, ihn zu berühren, zu fühlen. Im Sterben und Trauern ist es elementar wichtig, Wärme zu erfahren.

Behaglich muss es sein, wenn Körper und Seele »frieren« und verletzt sind. Man braucht Schutz, Rückzug und Nähe, erfahrbar in einem warmen Blick oder durch Hände, die halten.

Ein duftendes Ölbad, aufmunternde und tröstende Worte, eine Tasse wohlschmeckenden Tees, ein gewärmtes Dinkelspelzkissen, schmerzlindernde Auflagen, eine Kuscheldecke, eine stille Umarmung oder eine Handmassage tun einfach gut!

Dieser Wollmantel lindert das Drahtige im Sterben und schenkt Versöhnliches im Augenblick.

Der sechste Mantel ist aus naturfarbener Bourettseide gefertigt, der man entzündungshemmende Wirkung nachsagt, und ist mit Moosstückchen besetzt. Dieser Mantel weist darauf hin, dass Sterben immer noch *leben* bedeutet. Und er soll auf die vielen kleinen Genüsse verweisen, die das Dasein noch bereithält.

Das immergrüne, wurzellose Moos wächst langsam, ist anspruchslos an Grund und Boden. Wir finden es auf Steinen, Baumstämmen, Wänden, im Rasen und in alten Mauerritzen. Moos wächst unermüdlich und überall. Es ist eine unscheinbare Pflanze, aber von großer Bedeutung für das Ökosystem. Vielen Kleinstlebewesen bietet Moos einen notwendigen Lebensraum und verhindert Verwitterungsprozesse. In dem Maß, wie Moospflanzen oberflächlich wachsen, sterben sie an den unteren Teilen ab und ihre pflanzliche Konsistenz verwandelt sich in Torf, Humus.

Im übertragenen Sinne bedeutet dieser Mantel: Es darf noch etwas wachsen dürfen, bis zuletzt. Sr. Ludwina fügt hinzu: »Wir müssen das, was noch leben mag und kann, gießen, bis zuletzt.« Im Stillen wächst die Erfahrung aus solch aufmunternden Erlebnissen im Menschen weiter, schenkt Berührung, Freude, Inseln des Glücklichseins. Wir können unseren Beitrag dazu leisten, Leben noch einmal lebenswert zu machen, denn der sterbende Mensch darf noch gerne leben wollen.

Das kann ein Gläschen Likör sein, ein fruchtiges Eis am Stiel, ein Stückchen Dresdner Christstollen zum duftenden Espresso. Aber auch kleine Auszeiten, wie etwa ein kurzer Ausflug auf die Dachterrasse mit Blick zum Albtrauf, können im Kranksein Momente von Unbeschwertheit schenken. Den sommerlichen Abendhimmel betrachten, die Hände über den Lavendel streichen lassen und den Duft mit zurück aufs Zimmer nehmen oder an Silvester gemeinsam mit anderen Gästen das Feuerwerk bewundern – das sind alles Augenblicke des Staunens. Kleine Ausfahrten mit Ehrenamtlichen zu kulturellen Veranstaltungen, einem Fußballspiel oder zu einem Konzert sind Höhepunkte im Leben eines Gastes. Nochmals für einen Tag nach Hause gehen zu können, ist für viele Familien ein beglückendes Ereignis. In der Zeit des Trauerns zehren alle Betroffenen von solchen Glücksmomenten.

In einer viel zitierten Aussage formuliert es Cicely Saunders so: »Du hast Bedeutung, weil Du bist, Du hast Bedeutung bis zum letzten Augenblick Deines Lebens, und wir wollen alles tun, was wir tun können, um Dir zu helfen, nicht nur um friedlich zu sterben, sondern auch um zu leben, bis Du stirbst.«

Die Hüllen und Häute der Künstlerin Astrid J. Eichin

Seit vielen Jahren, erzählt Astrid J. Eichin, sei sie fasziniert von Metamorphosen in der Natur und bei Menschen. »Manch' Leises, was sich dem flüchtigen Blick entzieht«[53], begleitet sie durch Beobachtung der äußeren Erscheinung und Dokumentation. Sie reist viel und studiert andere Kulturen, interessiert sich für die Klangvielfalt in Sprachen. Gerne erkundet sie Gegenden langsam, zu Fuß, um die Fülle an Lebensformen auch im Kleinen aufzuspüren.

Das Phänomen der Häutung hatte sie zum ersten Mal bewusst an Libellen wahrgenommen: »Am Rücken brach ihre Larvenhaut auf und heraus schälte sich gleichsam ein anderes Wesen. Nach dem Entfalten und Erhärten der Flügel flog dieses schillernde Luftwesen davon; zurück blieb die pergamentene Haut.« Ihr fiel auf, dass dieser Prozess bei einigen Geschöpfen den Übergang von einem Entwicklungsstadium zum nächsten einleitet, z. B. bei Schmetterlingen und Fröschen, und dass sich andere Lebewesen, Schlangen, Spinnen oder Krustentiere, häuten, um zu wachsen.

Persönliche Entwicklungsprozesse schenkten Astrid J. Eichin den Impuls, ihre Erfahrungen künstlerisch in verschiedenen »Hüllen und Häuten« auszudrücken. Das erste Werk war das »Brennnesselhemd«, ein Bild aus dem Andersen-Märchen »Elise und die wilden Schwäne«, in dem ein Mädchen Brennnessel-Mäntel webt, um einen Bann zu lösen. In der Folge entstand eine ganze Serie von Mänteln. Es sind intensive Arbeiten mit starker Ausstrahlung. Immer geht es um Verwandlung und die damit verbundenen Phasen der Dünnhäutigkeit.

Alle Mäntel kennzeichnet eine annähernd identische äußere Formgebung sowie geometrische Reduzierung. So ist die Betrachterin oder der Betrachter zum genauen Hinschauen herausgefordert, womit eine Intensität im Wahrnehmen entsteht. Auch erinnern die Schnitte der Mäntel an schlichte Kreuzformen.

Die Materialität der Arbeiten spricht eine eigene Sprache. Astrid J. Eichin hat häufig vergängliches Material aus der Natur verwendet, das dem Zerfall preisgegeben sein wird.

Oft findet sich altes Bauernleinen als Grundstoff der Mäntel. Von Hand dicht gewebt, in unterschiedlicher Textur ist er äußerst widerstandsfähig. Es ist ein strapazierfähiges Material, aus dem in früherer Zeit Kleidung gefertigt wurde, die etwas aushalten muss. Für die Künstlerin hat dieser ungebleichte, schwere und grobe Stoff eine starke Ausstrahlung und alleine durch seine »Alters-Patina« scheinen manche Geschichten darin verwoben zu sein. Er besitzt für sie eine Seele.

Das Prinzip der Vereinfachung zieht sich insgesamt durch die Formgebung und Materialität der Mäntel und erhebt das Nicht-Perfekte zu einem Diktum der Kunst Astrid J. Eichins.

Unterstützt wird die Wirkung der Objekte, die so gefertigt sind, dass sie menschlichen Körperformen entsprechen, durch die Präsentation auf T-Trägern. Es entsteht eine Plastizität, die den Eindruck verstärkt, dass man die Gewänder durchaus tragen könnte. Und dennoch formt die Künstlerin »Hüllen«, die keine realistischen Mäntel sind, sondern vielmehr Hieroglyphen für menschliche Verwandlungsprozesse, erinnernd an tägliche Kleidungsstücke.

Jedes der Hemden erzählt eine eigene Geschichte, von Menschen,

Kulturen, Sagen, Mythen, vom Leben, vom Ablegen alter Hüllen, von Häutungen und Verwandlungen.

In Basel wurden 2014 die Hüllen und Häute von Astrid J. Eichin unter dem Titel »Hülle und Fülle« ausgestellt.

Wir waren glücklich, im Jubiläumsjahr einige Mäntel ausstellen zu dürfen, und wählten aus den vielen »Hüllen« der Künstlerin fünf aus, die an markanten Orten im Hospiz St. Martin bewusst platziert wurden. Die Mäntel tragen die Namen: »Es scheuert«, »Glückshaut«, »Der rote Faden«, »Fibonacci-Mantel«, »Herzensgut«.

Die Künstlerin hat nicht nur erlaubt, sondern sich gewünscht, dass die Werke berührt werden, dass die Menschen über das Spüren mit dem Material in Kontakt treten. Zunächst waren es die BesucherInnen der Vernissage, die miteinander in einen Prozess gekommen sind. Im Laufe der Monate wurde in Trauergruppen intensiv mit den Mänteln gearbeitet, auch mit Kindern und Jugendlichen.

Bei Führungen und Meditationen hatten BesucherInnen nicht nur die Gelegenheit, die Mäntel zu sehen, sondern konnten zudem die Einrichtung kennenlernen.

Die Mäntel regten auch unter den ehrenamtlichen MitarbeiterInnen im Hospiz einen interessanten Austausch an. Viele konnten be--nennen, welch großes Glück es für sie ist, sich mit ihrem Engagement in diesem Hospiz verorten zu dürfen, und wie viele Glücksmomente ihnen in der Begleitung sterbender und trauernder Menschen geschenkt wurden. »Bedeutend« sei diese Zugehörigkeit zum Hospiz.

Für hauptamtliche Mitarbeiterinnen und Mitarbeiter wurden die Mäntel zum Anstoß, über ihre Haltung in der Hospizarbeit nachzudenken.

Auch einzelne Gäste, die noch mobil waren, konnten die Hüllen und Häute zusammen mit Angehörigen oder MitarbeiterInnen anschauen.

Zum Abschluss der Ausstellung und in der Auswertung der Arbeit mit den Gewändern zeigte sich, dass durch die Kunstobjekte für viele eine umfassende Selbstreflexion möglich geworden war. Die Mäntel haben dazu beigetragen, das Leben neu zu verstehen, es zu »begreifen«, auf intellektueller, emotionaler, philosophischer und spiritueller Ebene.

Die Suche nach Hoffnung, nach Orientierung und Ordnung, nach Glück, nach Balance hatte in der Begegnung mit den unterschiedlichen Mänteln eine Gestalt bekommen, aus der sich ganz individuelle Antworten fanden. Dabei spielte das Alter der Trauernden in der Betrachtung der Hüllen und Häute eine große Rolle, ebenso die Zielgruppe.

Reibung als Lebenserfahrung – »Es scheuert«

Beschreibung

Menschen, die sich als Betroffene mit Hospizthemen befassen, fühlen sich konfrontiert mit aufreibenden Aspekten. Sie erleben das Karge, Verletzende und Mühselige in allen Facetten, seien es Gäste, Angehörige oder Trauernde. Mit der Wahl des Mantels »Es scheuert«, war ein Gewand gefunden, in dem sich dies ausdrückte.

Astrid J. Eichins Mantel »Es scheuert« ist aus vielen kleinen Schmirgelpapierteilen gefertigt. Die in Hemdform zusammengefügten Papierquadrate wirken wie ein Schachbrettmuster. Bei genauerem Betrachten fällt auf, dass das »Gewebe« größtenteils aus gebrauchtem Schmirgelpapier hergestellt ist, scheinbar unbrauchbarem Material, brüchig, löchrig, fasrig, abgenutzt. Vielleicht hatte es schon etwas bearbeitet, ein Stück Holz glatt geschmirgelt? Auch unbenutzte, helle und dunkle Papiere mit unterschiedlicher Körnung sind in den »Stoff« eingearbeitet. Auf Herzhöhe fallen über einem der Schmirgelpapierquadrate zwei sich überkreuzende, gelb eingefärbte Papierstreifen ins Auge.

Die Künstlerin schreibt dazu: »Anlässlich meiner Kunstausstellung im St. Josefshaus in Herten (Schule, Wohngruppen, Werkstätten für behinderte Menschen) stellte ich mir einen Mantel vor, der in der Arbeit dieses Hauses wurzelt und welchen ich aus dort vorgefundenen Materialien gestalten wollte. In der Holzwerkstatt sah ich Bewohner mit Schmirgelpapier Holzobjekte bearbeiten und glätten. Die Mitarbeiter sammelten über Monate diese Schmirgelpapierstücke. Viele zeigen die unregelmäßigen Spuren der Bearbeitung mit der Hand; dazwischen finden sich Stücke von Schleifpapierbändern.

In der Herzgegend findet sich ein goldgelbes Kreuz aus Schmirgelpapier. Reibung, Wärme, Abgeschliffenes, Anrührendes, Schweiß, Herzblut – es scheuert.«

Der Mantel wurde im Foyer präsentiert, wo menschliche Begegnungen stattfinden, mitten im Alltag des Hospizes, zwischen Büros, Schulungen, Seminaren, Kursen, Trauergruppen, Pausen. Die örtliche Nähe zur »Glückshaut« war uns wichtig und sollte eine Gegenüberstellung ermöglichen.

Auf den ersten Blick repräsentiert der Mantel »Es scheuert« das, was man in einem Hospiz erwartet: Reibung, die schmerzt, wenn Krankheiten nicht heilbar sind, wenn der Tod nahe rückt, wenn die Trauer zermürbt. Das Gewand steht als Metapher für all das, was »bescheuert« ist, wie eine Jugendliche treffend sagte. Man musste den Mantel anfassen, um zu be-*greifen*, wie unangenehm es ist, solch eine Umhüllung zu tragen.

Oft gibt es keine Wahlmöglichkeit und es gilt, mit der Herausforderung umzugehen, dass das Schicksal einen solchen Mantel zumutet: den Gästen auf Station, die trotz liebevoller Umhüllung sterben, den Angehörigen, die oft hilflos zusehen, und schließlich den Trauernden, die im Abschiednehmen ins Ungewisse aufbrechen müssen.

Die französische Schriftstellerin Christiane Singer findet in der Beschreibung ihres eigenen Leidens bis zum Tod dafür ehrliche, schonungslose Worte und schöpft im Schreiben aus einer tiefen Kraft, die gespeist wird aus der Sehnsucht, wenigstens noch einen Gleichklang mit sich selbst zu finden. Nach einer Nacht mit unerträglichen Schmerzzuständen notiert sie in ihrem Tagebuch: »Von oben bis unten mit Schleifpapier bearbeitet, war ich wie ein Tier, das sich versteckt.«[54] Und an anderer Stelle: »denn diese Schmerzen haben mich abgeschliffen, mich abgehobelt bis zur Transparenz«[55].

Schmerz, Leid und Verlust reiben ein Leben lang. Und nicht zuletzt scheuert es auch die MitarbeiterInnen in Hospizen und Palliativstationen, die die Sterbenden, ihre Angehörigen und Trauernden begleiten.

Erkenntnisse und Einblicke

Der Mantel in seiner erdhaften Farbe sprach die meisten BesucherInnen erst einmal gar nicht an. Wer wollte aus freien Stücken einen solchen Mantel anziehen? Einige waren beeindruckt von seiner stillen Ästhetik. Vielleicht, weil er wie eine Kreuzform anmutet?

Die haptische Erfahrung, verschiedene gekörnte Schmirgelpapierstücke zu betasten, das Scheuern an den eigenen Fingerspitzen zu spüren, erschloss den meisten BetrachterInnen die Wirkung dieses Mantels sofort. Die Einladung, den ganzen Mantel zu berühren, hat die Aufmerksamkeit auf die eigenen Erfahrungen des Betroffenseins im Abschiednehmen oder Trauern gerichtet. Dass manches im Leben scheuert und kratzt – nicht nur im Sterben und Trauern – und erst geschmirgelt und geglättet werden muss, das kennen alle. Wir wissen, dass das nicht ohne physische und psychische Schmerzen geht. Und so ließ sich dieser Mantel leicht ins eigene Leben übersetzen. Was »scheuert« gerade jetzt an mir? Ist es eine Enttäuschung, eine seelische Verletzung, eine ausgesprochene Wahrheit, Perspektivlosigkeit, Angst? Oder scheuert das Warten auf etwas?

Für die meisten Trauernden war es der wichtigste Mantel. »Durchlässig, unscheinbar, mürbe« beschrieben viele ihr Empfinden und erkannten beim Betrachten des Mantels etwas, das ihnen vertraut war: »Der Mantel ist verletzt und ich bin es auch.«

Eine junge Mutter sinnierte über die auffallenden Papierstücke auf der Herzregion, die sie an Heftpflaster erinnerte: »Ja, so ist es, meine Verwundung ist sichtbar und ich selbst bin durch den Verlust verletzbarer geworden.«

Sterben ist ein scheuernder Prozess. »Dass es auch in und an mir scheuert, habe ich erst nach dem Tod meiner Frau begriffen«, meinte ein trauernder Vater von drei kleinen Kindern, den es bei dem Mantel »kalt erwischt hat«. Das Ausweichen und Wegschauen der Nachbarn, das Unverständnis in der Schule und bei der Arbeit, Schuldzuweisung seitens Familienmitgliedern, eigene Interesselosigkeit, die schlaflosen Nächte, das glückliche Paar mit dem Baby von nebenan: All das scheuert, reibt auf, schmerzt.

Der Mantel »Es scheuert« spendete den meisten Trost in ihrem Aufgewühltsein, denn er war wie eine umfassende Begründung für das große Schutz- und Ruhebedürfnis.

Hinzu kommt, dass das Gewand eher unauffällig aussieht, nicht wirklich ästhetisch ansprechend ist, wie die anderen Hüllen. »Ich kann mich darin einmummeln, ohne mich erklären zu müssen – einfach so, wenn es mir danach ist.« »Ich bin jetzt lieber allein allein als in der Masse allein.«

Eine Trauernde fand sich vor allem in ihrem Gefühl von Einsamkeit und Ausgrenzung angesprochen: »Das Scheuerpapier ist außen am Mantel, weil wir uns durch den Verlust auch verändert haben und uns an den Personen in unserem Umfeld scheuern. Egal, wie wir reagieren, es entspricht nicht den Erwartungen unseres Gegenübers, und egal, wie sich unser Gegenüber verhält, wir sind nicht zufrieden, es kommt zu Reibung, es scheuert.«

Clive S. Lewis beschreibt dieses Verhalten zutreffend: »Es ist eine seltsame Nebenerscheinung meines Verlustes, dass ich spüre, wie ich jedem, der mir begegnet, eine Verlegenheit bedeute. Bei der Arbeit, im Klub, auf der Straße sehe ich, wie sich Leute, die auf mich zukommen, überlegen, ob sie ›es‹ erwähnen sollen oder nicht. Tun sie es, ist es mir zuwider; tun sie es nicht, auch. Manche drücken sich ganz und gar.«[56]

Erstaunlich, aber naheliegend war der Gedanke von Trauernden, dass der eigene Mantel nach außen und innen scheuernde Schmirgelpapiere aufweist: »Auch andere scheuern, reiben sich an meiner Art zu sein, in der Trauer. Das will ich nicht. Aber es ist so!« Und in der Trauer muss man bearbeiten, woran man sich reibt, was an uns »abgeschliffen« wurde. Wir können das Scheuern integrieren: »Es gehört in der Trauer zu mir und ohne den Schmerz würde mir die Liebe zur verstorbenen Person nicht bewusst.«

Ein Besucher bemerkte, dass man sich in diesem Mantel, so unbequem er auch scheinen mag, wenigstens spüren würde. Er assoziierte mit dem Mantel eigene Befindlichkeiten, wie Leere, Bedürfnislosigkeit, Erstarrung und einen Mangel an Gefühlen.

Eine jung Verwitwete, die ihren Partner durch dramatische Umstände verloren hatte, konnte sich nicht vorstellen, sich in ferner Zukunft wieder einmal auf eine Partnerschaft einzulassen, und meinte: »Ich halte Reibung nicht mehr aus, möchte mich nie mehr binden, denn mein Vertrauen ins Du ist verloren gegangen.«

Hilde Domin beschreibt auf markante Weise diesen Ausnahmezustand in ihrem Gedicht »Bitte«[57].

Bitte

Wir werden eingetaucht
und mit den Wassern der Sintflut gewaschen,
wir werden durchnässt
bis auf die Herzhaut.

Der Wunsch nach der Landschaft
diesseits der Tränengrenze
taugt nicht,
der Wunsch, den Blütenfrühling zu halten
der Wunsch, verschont zu bleiben
taugt nicht.

Es taugt die Bitte,
dass bei Sonnenaufgang die Taube

den Zweig vom Ölbaum bringe.
Dass die Frucht so bunt wie die Blüte sei,
dass noch die Blätter der Rose am Boden
eine leuchtende Krone bilden.

Und dass wir aus der Flut,
dass wir aus der Löwengrube und dem feurigen Ofen
immer versehrter und immer heiler
stets von neuem
zu uns selbst
entlassen werden.

Die Dichterin umkreist alle Elemente – Wasser, Erde, Luft und schließlich das Feuer –, um eine Wachstums- und Reifesituation zu beschreiben, die den Menschen durch einen existenziellen, leidvollen und läuternden Prozess führt.

»Durchnässt« werden wir »bis auf die Herzhaut«. In der alltäglichen Redewendung wird man nur »nass bis auf die Haut«. Hier geht es tiefer, schmerzhaft tiefer, bis ins Zentrum aller Empfindungen. Der Wunsch, in der frühlingsblühenden Landschaft diesseits der Tränen verschont zu bleiben, der bedrohlichen Situation zu entkommen, wird gleichzeitig mit Besorgnis betrachtet. »Verschont zu bleiben« deutet die Furcht des Menschen vor Konflikten und Krisen an, und den »Blütenfrühling zu halten« würde bedeuten, sich nicht weiterzuentwickeln, stehen zu bleiben. Denn gerade schwer zu meisternde Probleme erlauben dem Menschen Reifung. Indem er sie überwindet, kann er an Stärke gewinnen.

Und dann geht die Sonne auf und die Taube erscheint mit dem Ölzweig – wie in der biblischen Geschichte der Arche Noah. Beides Symbole, die für Hoffnung auf ein neues Leben in Fülle stehen, für das Hilde Domin anschauliche Begriffe wählt: bunte Frucht, Rosenblätter und leuchtende Krone.

Die Bilder »Flut«, »Löwengrube« und der »feurige Ofen« sind dem Alten Testament entliehen.[58] Sie können mit der gefährlichsten Notlage und Bedrohung eines Menschen gleichgesetzt werden, die jedoch, gleich einer Transformation, auch eine befreiende Erlösung aus der Situation darstellen: »immer versehrter und immer heiler«.

Für dieses Reifen in der Krise steht der Scheuermantel, der auf eine Ambivalenz hinweist. So meinte eine junge Mutter: »Dass es scheuert, mag ich nicht, es tut weh, aber es ist wie ein reinigendes Salz-Peeling auf der Hautoberfläche. Es schmerzt an kleinen Wunden, aber im Ganzen ist meine Haut wieder wie neu, zart und feinporig, aufnahmefähig für eine verwöhnende Creme.« Das bedeutet, dass die Haut nur ebenmäßig wird, wenn Altes – auch schmerzhaft – abgetragen wird. Und: Durch Scheuern und Schmirgeln kann etwas freigelegt werden, es kann wohltuend und heilsam sein, vergleichbar dem Heilungsprozess einer Wunde. Wenn diese juckt, kratzt und scheuert man sich gerne, um sich Erleichterung zu verschaffen. Das Wundsekret, von dem der Juckreiz ausgeht, deutet auf einen beginnenden Heilungsprozess hin. Der Körper will einen Hinweis auf Heilung geben. Narben werden bleiben. Trauernde, die schon länger in der Trauergruppe waren, konnten von solch beglückendem Erleben berichten: »Gott sei Dank verändert sich etwas, deshalb können wir das Scheuern auch zunehmend besser aushalten.«

Zwischen Lebensverheißung und Wirklichkeit – »Glückshaut«

Beschreibung

Die »Glückshaut« war der erste Mantel, den wir für die Ausstellung ausgewählt haben. Schließlich hat er das Thema des Jubiläumsjahres mit angegeben, die Fülle, das Glück. Aber wir konnten diesen Goldmantel nur zeigen, die Glücksfülle nur aushalten, weil die andere Seite durch den »Scheuermantel« repräsentiert wurde.

Wollte man die »Glückshaut« wie einen Mantel anziehen, ginge das nur, wenn man sie über den Kopf streifen würde, denn sie hat vorne keine Öffnung. Aus goldenem Gewebe, glänzend, schimmernd zieht sie die Blicke auf sich und fasziniert. Wo Gold ist, wo es funkelt, da schaut man hin, assoziiert etwas Wertvolles und Kostbares.

Die »Glückshaut« ist in einem Stück aus goldfarbenem, glitzerndem Garn gehäkelt. Astrid J. Eichin hat kleine Schlaufen eingearbeitet, in

denen leere Plexiglasröllchen stecken. Dahinter steht die Idee der Künstlerin, mit diesem Mantel interaktiv zu arbeiten. Die Röllchen können mit beschriebenen Zetteln bestückt werden, auf die Glücksmomente notiert oder gemalt werden. Die Künstlerin schreibt dazu:

»Wie würde es sich anfühlen, eine ›Glückshaut‹ zu tragen, von einer ›Glückshaut‹ umhüllt zu sein? Dezember 2005: Ich blättere im Kalender des fast vergangenen Jahres. Erinnerungen an Erlebnisse und Begegnungen kamen mir in den Sinn, welche die Zeit schon wieder in tieferen Schichten des Bewusstseins geborgen hatte. Ich saß an meinem Schreibtisch und lächelte. Aus diesem Lächeln wurde die Idee der ›Glückshaut‹ geboren: ein Gewand aus goldfarbenem Garn gehäkelt; glänzend, funkelnd – doch die eigentlichen Kostbarkeiten finden sich erst bei genauerem Hinsehen: in die Glückshaut sind mehr als 300 Plexiglasröhrchen eingearbeitet; in ihnen finden sich die ›Glücksmomente‹ vieler Menschen.«

Die »Glückshaut« wurde im großen Gruppenraum, auf einer kleinen Bühne präsentiert und hell beleuchtet. In diesem Raum treffen sich viele Menschen, Ehrenamtliche, Trauergruppen, Schulklassen, dort finden Führungen statt, Seminare und andere Veranstaltungen. Mitten unter den Menschen im Hospiz sollte die Glückshaut für einige Monate an einem Ort ihre Wirkung entfalten, an dem gestorben und getrauert, gelebt und gefeiert wird.

Die Glückshaut am Lebensanfang

In ihren Ausführungen fragt die Künstlerin, wie es sich denn anfühlen würde, in einer Glückshaut zu sein. Der Begriff Glückshaut oder Glückshaube geht ursprünglich auf ein besonderes Phänomen bei Neugeborenen zurück. Dabei kommt das Baby entweder in der intakten Fruchtblase zur Welt (ein sehr seltenes Ereignis) oder ein Rest der Embryonalhaut bedeckt bei der Geburt das Köpfchen des Neugeborenen. Der Volksglaube besagt, dass solch einem Kind im Leben viel Glück beschieden sei. Ein schöner, umhüllender Gedanke, wenn man bedenkt, dass jeder Mensch vorgeburtlich ganz und gar von solch einer Glückshaut umgeben war, rundum geschützt und mit allem Lebensnotwendigen versorgt.

Die goldene Glückshaut als Provokation

Hospiz und *Glück* in einem Bedeutungszusammenhang zu sehen und angesichts der Endlichkeit des Lebens von erfüllten Momenten zu sprechen, kann irritieren und Fragen aufwerfen. Was ist das überhaupt, Glück? Was macht Glück aus?

Glücklichsein ist im Leben erstrebenswert und ist doch schwer definierbar. Viele Menschen sehnen sich danach, »wunschlos glücklich« zu sein, andere wiederum trauen diesem Traum nicht. Dabei drückt sich in dieser geflügelten Redewendung ein Sehnen nach einem Zustand aus, der sich durch Vergänglichkeit auszeichnet. Glück ist nicht einfach verfügbar, nicht einfach vorhanden.

Viele Sprichwörter weisen auf die Realitätsferne dieses Wunsches hin: »Glück und Glas, wie leicht bricht das.« Goethes Faust sagt am Ende seines Lebens: »Zum Augenblicke dürft' ich sagen: Verweile doch, du bist so schön. .... Im Vorgefühl von solchem hohen Glück, genieß' ich jetzt den höchsten Augenblick.«[59] Faust ist ein Mann, der in seinem grenzenlosen Streben nach Erkenntnis und vollkommenem Lebensgenuss zwar Erfüllung gefunden hat, aber dennoch ermüdet und lebenssatt des Daseins überdrüssig geworden ist. Im letzten Augenblick erkennt er, wie rastlos sein Leben war.

Andere europäische Länder haben in ihrer Sprache bis zu vier verschiedene Ausdrücke für »Glück haben«, einen »Glücksmoment erleben« und »beständig im Glück leben«. So gibt es im Französischen »fortune«, »chance«, »plaisir« und »bonheur«, in England »luck«, »fortune« und »happiness«. Über diese Wortvielfalt verfügt die deutsche Sprache nicht. Denkbar wäre, dass der Begriff Glück im deutschen Sprachraum deshalb eine so außergewöhnlich große, fast mächtige Wirkung entfaltet, weil es keine Differenzierungen zu den Erlebnisqualitäten von Glück gibt. Dabei ist unser »Glück« mit dem englischen »luck« verwandt, dem niederländischen »geluk« und dem norwegischen »lukka«. Alle diese Worte haben etymologisch mit dem »Gelingen« zu tun, verbirgt sich doch das mittelhochdeutsche »gelinc« dahinter. Glück ist keineswegs die Abwesenheit von Leid. Glück kann durch eigenes Bemühen gelingen, durch aktives Erkennen, Suchen und Finden.

Eine weitere Spur leitet »Glück« aus dem Mittelhochdeutschen

»g(e)lücke« ab und beschreibt damit die Art, wie etwas endet, indem es gut ausgeht, also den günstigen Ausgang eines Ereignisses. Voraussetzungen sind ein bestimmtes Talent oder auch nur eigenes Zutun. Im Sprichwort »Jeder ist seines Glückes Schmied« findet sich mindestens teilweise eine Verantwortung des Einzelnen bei der Erlangung von Lebensglück. Offenen Herzens und aktiv auf Menschen zuzugehen, erhöht die Wahrscheinlichkeit, Glück zu erleben.

Neben äußeren Umständen kann die Fähigkeit, sich in einer Situation glücklich zu fühlen, offenbar auch von eigenen Bemühungen abhängen. Was aber, wenn Ereignisse eintreten, die ein Leben entscheidend beeinflussen können, ohne dass sie veränderbar erscheinen? Wenn das Glück einem nicht wohlgesonnen ist, wie z. B. in schwerer Krankheit, im Sterben oder Trauern?

Zumeist wird Schicksal mit einer Art unpersönlicher Macht in Verbindung gebracht und gilt in vielen Kulturen als unausweichliche Bestimmung, der Entscheidungsfreiheit des Menschen entzogen. Es entspricht den Zufällen, die im Leben »zufallen« und als erfreuliche Fügungen des Schicksals angenommen werden oder als Verkettung von unglücklichen Umständen verschmerzt werden müssen.

Marie von Ebner-Eschenbach gewichtet das persönliche Gefühl und die Wahrnehmung in Bezug auf das Geschehen stärker als das schicksalhafte Erlebnis selbst und verändert somit den Blickwinkel. »Nicht was wir erleben, sondern wie wir empfinden, was wir erleben, macht unser Schicksal aus.« Auch Christiane Singer betont in ihrem letzten Buch diesen Aspekt und meint, dass es alleine die Wahrnehmung sei, die Leiden verursache: »Wir leiden an der Interpretation, an der Bewertung der Dinge, nie an den Dingen selbst. Alles seelische Leid ist unsere Unfähigkeit, die Dinge wahrzunehmen, wie sie sind, wie sie uns begegnen.«[60]

Manches Glück lässt sich erst im Abstand erkennen und scheinbares Unglück erweist sich oftmals als Glück. Anderes Glück braucht vielleicht den Blick einer anderen Person auf die Situation, um als solches wahrgenommen zu werden.

Wenn Wunsch und Wirklichkeit übereinstimmen, z. B. bei einem erfolgreich abgeschlossenen Examen oder einem Lottogewinn, wird sich ein Glücksgefühl einstellen. Zumindest eine Zeit lang. Dann steht das gefundene Glück für eine augenblickliche Lebenszufriedenheit und Unbeschwertheit. Glück ist auch Übereinstimmung mit sich selbst, im Sinne einer bejahenden Selbsterkenntnis, die bereits in der antiken Glückslehre zu finden ist. Es ist ein prozesshaftes Geschehen, das sich im Laufe des Lebens entwickelt im zunehmenden Verstehen darüber, was uns ausmacht und wer wir sein wollen. Das Überprüfen, Hinterfragen und Neuausrichten von Inhalten und Werten mit diesem Selbstbild kann zur Glücksfähigkeit beitragen.

Glück bedeutet auch, sich mit seinen Zielen und Vorstellungen nicht alleine zu fühlen, sondern zugehörig zu einem Freundeskreis und zu anderen, mit denen man Werte und Auffassungen teilt. Gemeinschaft entsteht erst, wenn jede und jeder Einzelne sich auf die Mitmenschen einstellt und sie mit ihren Interessen ernst nimmt. Dann sind nicht nur egoistische Ziele ein Grund, etwas zu tun oder zu lassen. Glück liegt auch in der Übereinstimmung darin, was wir gemeinsam für ethisch richtig halten.

Für dieses Übereinstimmen, das Glücksgefühle auslösen kann, wählte Astrid J. Eichin die Farbe Gold, in der sie ihre Glückshaut angefertigt hat.

Gold wird seit Menschengedenken mit der Sonne in Verbindung gebracht, mit Wärme, Leuchtkraft und Vollkommenheit. Vollkommen ist auch der Glanz des Edelmetalls, weshalb ihm ein besonderer Wert zugemessen wird. Es oxidiert nicht, vergeht nicht im Feuer. Somit ist Gold die Metapher für Unvergänglichkeit, Erleuchtung und Heiligkeit. Gold verwandelt vergängliches Kapital in einen ewigen Wert. Es ist die Farbe der Götter und Pharaonen. Auch biblisch gibt es Umschreibungen, in denen Gold für das Unsterbliche steht. Die ewige Glückseligkeit wird durch das himmlische Jerusalem versinnbildlicht, die Stadt »aus reinem Gold« (Offb 21,18). In der christlichen und griechisch-orthodoxen Kunst finden sich oft goldene Hintergründe auf denen Christus, Maria, Engel oder Heilige abgebildet sind. »Als das herabgeholte Licht der himmlischen Gestirne selbst erschien vielen das Gold«, schreibt Ingrid Riedel.[61] Dächer von Moscheen und Kirchen glänzen in Gold, in denen sich der Himmel spiegeln soll.

In bildender Kunst, Design und Architektur spricht man vom Goldenen Schnitt und beruft sich dabei auf ein jahrtausendealtes Verhältnis von Längen, die ein harmonisches Ganzes erzeugen.

Mythen, Märchen, Sagen, Lieder sowie Redewendungen und Sprichwörter erzählen vom Gold, das für die Sehnsucht nach Macht, Reichtum, Erhabenheit und Ruhm steht, für Wahrhaftigkeit und Treue. In der Psychologie wird innerer Reichtum, das Ideal der seelischen Ganzheit, in Gold ausgedrückt. Gold ist ein Wert im materiellen und im übertragenen ideellen Sinn.

In der schimmernden »Glückshaut« begegnet das vergängliche Glück also dem unvergänglichen Gold – eine Spannung, die zunächst nicht offensichtlich ist, aber das Grundverständnis von Hospiz aufgreift: Im Erleben der letzten Tage, Wochen und Monate und in allem Schmerz des Abschieds darf noch einmal etwas zum Aufleuchten kommen, darf sich etwas Kostbares zeigen. Für Momente dürfen sich Erinnerungen vergolden und ein inneres Leuchten möglich werden.

Mit der Idee, bei den Führungen und in Trauergruppen den Glücksmantel mit schriftlich notierten Glücksmomenten zu füllen, wird den vergänglichen Augenblicken ein bleibender Wert gegeben.

Erkenntnisse und Einblicke

Im ersten Betrachten löste die »Glückshaut« bei vielen BesucherInnen nur Bewunderung aus. Das funkelnde Gold und die klare Gestalt des Mantels wirkten wie eine feierliche, goldene Kraft. Viele betrachteten den Mantel mit einer gewissen Distanz, als würde man sich ihm nicht nähern dürfen. Die »Glückshaut« stimme sie – ähnlich einer Ikone – fast andächtig. Im zunehmenden Kontakt wurde eine Beschreibung häufig genannt: Seltsam fremd und unnahbar sei dieser Mantel. Die anfängliche Bewunderung war einem Überwältigtsein gewichen.

Der Mantel löste Sprachlosigkeit aus, wurde als »mächtig, zu schön, zu golden, zu glitzernd« beschrieben. Besonders Trauernde konnten wenig mit ihm anfangen. »Was hat diese Glückshaut mit mir zu tun?«, fragten manche. Andere stellten fest: »Glück gehört in meinem Leben der Vergangenheit an.« Es erschien vielen als Provokation, die »Glückshaut« so ins Zentrum der Ausstellung im Hospiz zu stellen.

Ein Aspekt, der uns zum Nachdenken brachte, war die Wahrnehmung, dass der Mantel zu schwer sei, denn: »Wer kann denn so viel Glück tragen, ertragen, aushalten – direkt auf der Haut?«

Dass die Glückshaut keine Möglichkeit bot, einfach hineinzuschlüpfen, machte sie zudem unnahbar. Man müsste sie überstreifen, möglicherweise wäre sie zu eng, würde also nicht jedem passen, das Material könnte kratzen, unangenehm nah am Körper anliegen, wie ein schweres Kettenhemd, in welchem man sich unbehaglich und unfrei fühlt.

Es gab jedoch auch Rückmeldungen, die den Wunsch oder die Sehnsucht nach einer guten, unbefangenen und sorglosen Zeit *nach* der Trauer zum Thema machten: »Der Mantel mit den Glücksmomenten glitzert mich an, ich möchte mich in ihm erkennen, weil auch ich irgendwann wieder strahlen möchte. Das Glitzern ist wie Feenpulver.«

Im größeren räumlichen Abstand zum Mantel erschloss sich einigen der Aspekt des Übergossenseins von Glück. Glück als etwas Geschenktes, das mir zufällt, mich überkommt. In diesem Kontext wurden Erinnerungen an die Verstorbenen gegenwärtig.

Und: Glück muss auch wahrgenommen und erkannt werden, denn es zeigt sich nicht immer so offensichtlich wie die »Glückshaut«. So konnten viele Trauernde erst lange nach dem Tod ihrer Angehörigen auf ihrem Trauerweg feststellen, was es für ein Glück war, den Weg ins Hospiz gefunden zu haben. Viele Glücksmomente erzählen davon.

Wir luden AusstellungsbesucherInnen, KollegInnen, Trauernde und Ehrenamtliche dazu ein, Glücksmomente ihres Lebens für sich in Worte zu fassen und aufgerollt in die Plexiglasröllchen zu stecken. Es war für alle ein Höhepunkt, einen oder mehrere Glücksmomente ihres Lebens auf diese Weise noch einmal zu würdigen. Was an Glück im Leben erfahren wurde, konnte in all der Flüchtigkeit beschrieben und festgehalten werden und wurde zu einem Bestandteil der großen Glücksfülle.

Im Sommer, zum Ende der Ausstellung, entnahmen wir der Glückshaut 234 Glücksmomente! Erst beim Entnehmen der Zettelchen aus der »Glückshaut« wurde uns die große Anzahl der Beiträge bewusst. Ein großer Berg an Papierröllchen lag vor uns und wartete darauf, gelesen zu werden. Die meisten waren geschrieben, aber es fanden sich auch einige kleine Gemälde oder Zeichnungen darunter, vor allem von Kindern aus den Trauergruppen.

Eine kleine Auswahl soll einen Eindruck vermitteln, welche Fülle wir entdecken durften.

Glücksmomente

- Ein Glücksmoment war, als ich meiner todkranken Freundin den Wunsch erfüllen konnte, mit ihr schwimmen zu gehen.
- Was für ein Glück für mich, dass ich mich für die Ehrenamtlichenarbeit entschieden habe. Sie bereichert mich sehr.
- Ich betrachte es als Glück, dass ich heute, sieben Jahre nach dem Tod meines Mannes, hier im Hospiz ohne Tränen singen und tanzen konnte.
- Es ist ein Glück, hier zu arbeiten, sterbende Menschen zu begleiten, mit ihnen zu lachen und zu weinen, die Fülle des Lebens zu spüren.
- Mein größtes Glücksgefühl: Ich weiß nicht, wo du bist – ich weiß aber, da geht es dir gut. (Ich liebe dich.)
- Als ich meine Freundin so schön richten konnte, dass sie aussah wie zu Lebzeiten. Dieser Frieden, noch Zeit mit ihr zu verbringen, ihr

Gutes zu tun und mich in Liebe zu verabschieden. Ja, das war ein sehr bewegender Glücksmoment.

- Glück ist: Die Geburt unserer Kinder, das erste Verliebtsein, unterwegs mit dem Hund, Urlaub am Meer, Angekommensein, geliebt werden, Früchte ernten, Saat aussäen.
- Ich bin glücklich, dass meine Tochter und Enkeltochter mir helfen.
- Glücklich war ich, als ich meine Tochter zum ersten Mal auf der Palliativstation in den Arm nehmen konnte.
- Glück ist: die Geburt des Enkels, auf den wir mit Bangen eine Woche voller Angst warten mussten.
- Glücksmoment war das Weihnachtsfest mit der ganzen Familie. Das wird leider nie wieder so sein. Es war ein Gefühl vollkommener Harmonie und Dankbarkeit.
- Glück bedeutet für mich, Familie zu haben.
- Glück ist: die Stille meines Gartens am frühen Morgen.
- Für mich ist es ein Glücksmoment, in unsere zurzeit blühende Frühlingswiese »einzutauchen«. Lauter lila blühende Krokusse, himmlisch!
- Mein heutiger Glücksmoment: die Leichtfüßigkeit am Morgen, mit der ich auf dem Weg ins Hospiz war – sehr überraschend, in nicht leichter Zeit.
- Ein Glücksmoment war, als ich – nach dem Tod meines Mannes und Vaters meiner Kinder – mit viel Trauer und Ängsten auf dem Fahrrad saß, die Sonne spürte und den Wind und die Bäume hörte und auf einmal spürte, dass ich mich, obwohl ich so viel Schwierigkeiten hatte, glücklich fühlte. Ich weiß noch genau die Stelle in Holland.
- Glück ist, Musik zu hören, die mich an gemeinsame Stunden erinnert.
- Glück ist, wenn ich nie traurig sein muss.
- Glücklich war ich, als ich das Boot für meine Mama ins Wasser gelassen habe.
- Ich bekam von meinem Großvater nach seinem Tod seine Vespa geschenkt.
- Mein Glücksmoment kommt jeden Abend, wenn ich wieder völlig

unbeschadet und erfüllt mit neuen Eindrücken, Begegnungen und Erfahrungen zu Bett gehe, voller Dankbarkeit für die Schöpfung und die Menschen, die mit mir sind.
- Zigmal überlebt und immer das Quäntchen Glück auf meiner Seite.
- Der tiefe, wissende, liebende, dankbare Blick meines sterbenden Katzenwesens hat mich glücklich gemacht.
- Erinnerung an die wunderschönen Reisen, die wir unternommen haben. Sein Lachen, wenn er glücklich war.

Zum Ende des Jubiläumsjahres übergaben wir in einem Ritual, begleitet von guten Wünschen, sämtliche Glücksmomente der Erde. Sie fanden ihren Platz an den Wurzeln eines jungen Baumes, den wir zu Allerseelen am Hospiz pflanzten.

Der eigenen Spur folgen – »Der rote Faden«

Beschreibung

Einen Faden aufnehmen, eine Spur finden, den roten Faden erkennen, entspricht einem elementaren Wunsch, wenn der Überblick scheinbar verloren gegangen ist.

Astrid J. Eichins Mantel »Der rote Faden« besteht aus verschlungenen bunten Garnen, die in flächigen Farbfeldern ineinanderfließend auf einer Trägersubstanz aufgebracht sind.

Durch das leuchtend bunte Gewand zieht sich ein roter Faden, der, zu einem kleinen Wollknäuel aufgerollt, außerhalb des Mantels frei schwebend hängt oder am Boden liegt. Die äußere Form des Mantels gleicht den anderen Gewändern – bis auf ein kleines Detail: Die Säume scheinen an Ärmeln, Halsausschnitt und Rock unfertig zu sein, befinden sich im Werden oder im Auflösen.

Die Künstlerin schreibt zu diesem Mantel:

»Die Nornen (nord. Raunende) sind die germanischen Schicksalsgöttinnen und Geburtshelferinnen. Sie spinnen und weben die Schicksalsfäden an der Wurzel der Weltenesche. Sie werden genannt: Urd (das Gewordene), Verdandi (das Werdende), Skuld (das Seinsollende). Das Schicksal (althochdeutsch Wurt; altenglisch Wyrd) wird nicht als eine von fremder Hand festgelegte und starre Bestimmung verstanden, sondern als ein dynamisches Werden. Durch das vielfarbige Gewebe dieses Mantels zieht sich – oftmals dem Auge verborgen – ein roter Faden. Als Knäuel gerollt liegt er am Boden und führt in den Mantel hinein oder, je nach Betrachtungsweise, auch heraus.«

Der kunterbunte Mantel wurde bewusst in den Eingangsbereich zum stationären Hospiz gehängt. Die Gäste, Angehörigen, KollegInnen und BesucherInnen sollten mit einem farbenfrohen Mantel begrüßt werden, der für das Leben in all seiner Buntheit steht. Mehr noch: Er sollte für alle, die von außen kommen, eine Botschaft sein. Auch hier im Hospiz ist das Leben bunt. Es stellt der Befürchtung, es könnte nur alles düster und eintönig sein, eine überraschende Korrektur entgegen.

Ein Gast im Hospiz fragt sich in der Rückschau auf sein Leben vielleicht, ob es einen »roten Faden« gebe, der die Frage nach Orientierung und Sinn zulässt. FreundInnen und Angehörige der Hospizgäste fragen sich, wie die gemeinsam verbrachte Lebenszeit ausgesehen habe, welche Fäden zum Netz gesponnen wurden und ob es einen gemeinsamen »roten Faden« gegeben habe. Fragen, die sich auch Trauernde im Rückblick auf die Lebenszeit an der Seite des Verstorbenen

stellen. Der Mantel lässt viele Deutungen zu und die Kunst entsteht in Kopf und Auge der Person, die mit ihrer Biografie hineinschlüpft.

Fäden und Bänder sind schlichte, aber bedeutende Sinnbilder, die mit dem Lauf des Lebens verbunden werden. Den eigenen Lebensfaden finden, das Muster im Lebensteppich erkennen, die Verknüpfung mit anderen suchen – das sind Themen, die über kulturelle Grenzen hinweg vertraut sind. In dem georgischen Familienroman »Das achte Leben« beschreibt die Urgroßmutter Stasia ihrer Urenkelin anhand der Metapher des Teppichs eindrücklich, wie Menschen ihre Geschichten erzählen und damit nach Sinn, Identität und Ausrichtung suchen:

»Ein Teppich ist eine Geschichte. In ihr verbergen sich wiederum unzählige andere Geschichten. Komm her, ganz vorsichtig, nimm meine Hand, ja, gut so, jetzt sieh hin, siehst du das Muster?

Ich starrte auf die bunten Ornamente auf der roten Fläche.

Das sind alles einzelne Fäden. Der einzelne Faden ist wiederum auch eine Geschichte, verstehst du mich?

Ich nickte andächtig, auch wenn ich mir nicht sicher war, ob ich sie verstand.

Du bist ein Faden. Ich bin ein Faden, zusammen ergeben wir eine kleine Verzierung, mit vielen anderen Fäden zusammen ergeben wir ein Muster. Die Fäden sind alle verschieden dick oder dünn, in verschiedenen Farben gehalten. Die Muster sind einzeln schwer zugänglich, aber wenn man sie im Zusammenhang betrachtet, dann erschließen sich einem viele fantastische Dinge. Schau hier zum Beispiel. Ist das nicht wunderschön? Die Verzierung, einfach fabelhaft! Dazu kommen Knüpfdichte und Anzahl der Knoten, dazu die verschiedenen Farbstrukturen – all das ergibt dann die Textur. Ich finde das durchaus ein gutes Bild. Ich denke in letzter Zeit viel und oft darüber nach. Teppiche sind aus Geschichten gewoben. Also muss man sie wahren und pflegen.«[62]

In vorchristlicher Zeit stand der Faden kulturübergreifend für das Schicksal schlechthin. Römische Parzen, griechische Moiren und nordische Nornen, Schicksalsgöttinnen der Mythologie, schufen das Schicksal, indem sie den Faden für jedes Leben spannen, abmaßen und bei der vorherbestimmten Länge abschnitten. Aus diesem Schicksalsfaden wurde dann das Leben der Menschen gewebt.

Ein Faden hat die Funktion, Dinge miteinander zu verbinden. Viele symbolische Redewendungen sind in den alltäglichen Sprachgebrauch eingeflossen: Wenn Nerven und Toleranz strapaziert werden, kann der Geduldsfaden reißen. In Bezug auf eine beunruhigende oder gefahrvolle Situation mit ungewissem Ausgang hängt man am dünnen oder am seidenen Faden. Wer hingegen die Lage überblickt und mit etwas Geschick die Strippen zieht, hat alle Fäden in der Hand. Doch auch in diesem kontrollierten Agieren kann man vorübergehend den Faden verlieren und verwirrt sein.

Der rote Faden: Sinnbild und Metapher

Die Wendung vom »roten Faden«, die tief in unsere Alltagssprache eingedrungen ist, hat eine doppelte Herkunft. Die griechische Mythologie erzählt vom Ariadnefaden, der ein Geschenk der kretischen Königstochter Ariadne an den Helden Theseus war. Dank des Fadens – er hatte das Fadenknäuel beim Begehen des Labyrinths abgerollt – verirrte sich Theseus nicht auf dem Weg durch den weitläufigen Irrgarten, in dem Minotaurus gefangen war. Nachdem Theseus Minotaurus besiegt hatte, konnte er das Labyrinth entlang des Fadens wieder verlassen. Zwei Elemente in dieser Sage, das Labyrinth und der rote Faden, sind Bilder für den Lebensweg, auf dem Verirrungen und Verwirrungen immer wieder herausfordern.

Eine weitere Deutung führt zu Goethes Roman »Wahlverwandtschaften«, durch den die Redewendung »den roten Faden suchen« zur Metapher wurde.[63] Er erzählt, dass in das Tauwerk der englischen Marine, die als bedeutende Seemacht im 15. und 16. Jahrhundert Kolonien eroberte, durchgehend ein roter, wollener Faden eingewebt war, den man nicht herauswinden konnte, ohne das ganze Schiffstau aufzulösen. Auch an kleinsten Stücken sollte erkennbar sein, dass die Taue im Besitztum der englischen Krone waren.

Der rote Faden, der sich wie ein Leitmotiv durch eine Geschichte oder das Leben zieht, steht für den Zusammenhang der einzelnen Ereignisse, er verknüpft sie zu einem Ganzen. Wer mitten im Leben aktiv nach dem roten Faden sucht, sucht nach Orientierung, nach Kontinuität.

Erkenntnisse und Einblicke

Die Begegnung mit dem Mantel rief je nach Lebenssituation unterschiedlichste Assoziationen hervor. Die ersten Eindrücke bei denen, die sich in einem Trauerprozess befanden, waren: »So wirr und chaotisch ist auch mein Alltag.« Oder: »So bunt ist mein Leben nicht mehr.« Die Farbfelder standen stellvertretend für das innere Erleben in der Trauer und das Überwältigtsein von Gefühlen wie Machtlosigkeit, Angst, Schuld, Frustration und Selbstzweifel. Der verschwommene Blick auf die Welt oder das Empfinden, durch einen Nebel zu wandeln, waren weitere Verknüpfungen. Eine Angehörige und Trauernde erkannte für sich in den vielen Farben das ethische Dilemma mehrerer Handlungsoptionen, denen sie sich in den letzten Wochen an der Seite ihres schwer erkrankten Mannes ausgesetzt sah. Da war einerseits der fürsorgliche Auftrag und der eigene Anspruch, an der Seite ihres Partners der großen Verantwortung gerecht zu werden, und gleichzeitig die zunehmende eigene Überforderung und Ohnmacht.

Für andere passte das bunte Äußere zur eigenen Täuschungsstrategie, diente als Schutz vor dem Unverständnis anderer, »denn das, was sich in meinem Inneren abspielt, trägt eine ganz andere Farbe«.

In dem »krassen« Farbengewirr wurde die Vielfalt des Lebens gesehen. Die dunklen Farben repräsentierten Tod, Verlust, Trauer, Verzweiflung und Resignation. In den hellen, farbigen Bereichen wurden Freude und Dankbarkeit über viele Ereignisse und Erfahrungen, die man im Leben gewinnen durfte, gesehen. »Die Farbwolken sind wie Felder oder Etappen im Leben, das teilweise schon hinter mir liegt, aber auch noch nicht gelebt wurde, und ich bin mittendrin.« Dies wurde hauptsächlich von jung Verwitweten so gesehen, die trotz der dominanten dunklen Farben ihr Leben als bunt beschrieben, weil die Kinder auch mit ihrer Trauer ins Leben drängen. Bei dieser Gruppe wurde zu dem Bunten auch Vielfalt assoziiert, Lebendigkeit, Lautes, auch Anstrengendes. »Ich wünschte mir, ich könnte auf ein pastellfarbenes Feld in diesem Mantel schauen. Das wäre meine Insel, um ab und zu ein bisschen Ruhe zu finden.«

Auch die Frage nach der eigenen Identität wurde gestellt, denn Selbstachtung, Selbstvergewisserung und der Respekt vor dem eigenen

Leben werden angesichts des Todes als enorme Herausforderungen erlebt.

Viele haben erst beim längeren Betrachten den roten Faden entdeckt und waren fasziniert, wie er sich verlässlich durch die Buntheit des Mantels schlängelt. Vereinzelt haben BesucherInnen den Faden mit dem Finger nachgezogen. Gott sei Dank, da ist ein roter Faden, auch wenn er sich manchmal hinter dem Fadengewirr der unterschiedlichen Farbinseln verbirgt.

Dem anfänglich rein äußeren Studium des Mantels folgte ein Symbolisieren, ausgelöst durch die Entdeckung des roten Fadens. In der Fülle der Farben den roten Faden zu sehen, seiner Spur zu folgen, ihr vertrauen zu können, auch wenn er sich dem Blick entzieht, fordert die Entschlossenheit, dranzubleiben. Denn der Faden geht oft verloren in der Flüchtigkeit des alltäglichen Daseins.

In der Fokussierung auf den Faden, der sich sichtbar oder unsichtbar durch alle Farbfelder schlängelt, folgten zahlreiche Assoziationen: Für manche war der rote Faden Symbol des menschlichen Blutes als Lebenssaft, das jeden durchpulst und am Leben erhält. Als beständiger Begleiter wurde im Faden auch eine Art Grundvertrauen gesehen.

Der Faden »repräsentiert auch Charaktereigenschaften, die mich schon immer im Leben, so auch jetzt in der Trauer, dieselben Fehler begehen lassen«.

Vor dem Mantel ins Gespräch vertieft, entfaltete sich manche Rückschau auf das eigene Leben: »In meinem bunten Leben kann niemand für mich den roten Faden finden, das kann nur jeder ganz individuell für sich.« Wie schwierig wird es wohl sein, wenn er erst am Lebensende gesucht wird, weil man sich zuvor nur in der Buntheit verloren hat?

In der Begleitung Sterbender und Trauernder geht der Blick oft in die Vergangenheit zurück, um Bilanz zu ziehen. Am Lebensende einen roten Faden in der eigenen Biografie zu erkennen, kann Trost spenden. Wenn sich Kohärenz in der persönlichen Lebensgeschichte zeigt, kann diese Erfahrung sinn- und identitätsstiftend sein.

Dass der rote Faden gut sichtbar zu einem Knäuel aufgerollt aus dem Mantel seitlich herunterhängt, empfanden viele als beruhigend. Auch die nicht sauber zugeschnittenen Saumenden des Mantels wurden in dieser Weise interpretiert. Er ist also noch nicht fertig gewebt, er ist unvollendet: »Tröstlich, dass es außerhalb des Mantels noch Material zum Weiterspinnen gibt.« »Es geht weiter, wie mein Leben auch, irgendwie …«

Überraschend war folgende Assoziation zum Fadenknäuel: »Das ist mein Haltepunkt, der mich einlädt, aus dem Gefühlsdickicht der Trauer herauszutreten.«

Diese Wahrnehmung erinnerte uns an eine junge Frau und Mutter, die davon sprach, ihre Trauer manchmal ganz bewusst in »Urlaub zu schicken«.

Einige waren auch beunruhigt, dass sich der Knäuel des roten Fadens so schutzlos außerhalb des Mantels befindet. Den könnte ja jemand abschneiden! Und was wäre dann? Auch könnte jemand an dem Faden ziehen, ihn aufziehen wie ein Strickgewebe. Dann würde sich die Mantelgestalt auflösen!

In der Gruppe der jung Verwitweten wurde eine erstaunliche Möglichkeit diskutiert: Es könnte lohnenswert sein, sich erneut auf die Suche nach dem roten Faden zu begeben. Er könnte wieder aufgenom-

men werden, auch, um zeitlebens das Verlorengegangene in das neue Lebensmuster aufzunehmen. Vielleicht könnte – mit Abstand betrachtet – alles einen Sinn erfüllen. Die Zusammenhänge bzw. Muster zu erkennen, könnte der erste Schritt sein, zuversichtlich Veränderungen anzugehen und Weiterentwicklung zuzulassen.

Staunen über eine größere Ordnung – der Fibonacci-Mantel

Beschreibung

Der Fibonacci-Mantel ist das jüngste Gewand aus der Werkstatt Astrid J. Eichins. Benannt wurde er nach einem berühmten italienischen Mathematiker im Mittelalter, Leonardo da Pisano, der auch Fibonacci genannt wurde. Die nach ihm benannte »Fibonacci-Folge« beschreibt eine unendliche Reihe natürlicher Zahlen, in der die Summe zweier aufeinanderfolgender Zahlen die unmittelbar danach folgende Zahl ergibt (wir gehen später ausführlicher darauf ein). Sie war bereits in der Antike bekannt und ist somit eine der ältesten mathematischen Folgen der Menschheit.[64]

Das Gewand ist aus altem, ungebleichtem Bauernleinen gefertigt und über und über bestückt mit kleinen Silberdistelköpfen, die in Spiralen angeordnet sind. Es strahlt eine große Klarheit aus und wirkt in seiner Leichtigkeit fragil und doch würdevoll.

Der Herzbereich des Mantels weist ein besonderes Detail auf. Astrid J. Eichin hat dort einen kolorierten Druck der ineinandergreifenden Spiralen der Fibonacci-Folge appliziert.

Die schlichte Zahlenreihe ist der Schlüssel unzähliger goldener Schnitt-Phänomene und Wachstumsprozesse in der Natur. Die abstrakte Darstellung macht neugierig, man ahnt, dass man auf den ersten Blick nicht alles daran versteht.

Die Künstlerin schreibt dazu: »Beim Erkunden der Umgebung des Maiensäß im Jahr 2016 (eine Sonderform der Alm/Alp: eine gerodete Fläche mit Hütten und Ställen) kullerte mir meine Herausforderung regelrecht vor die Füße: an den Hängen fanden sich die Blütenköpfe der Silberdisteln des vergangenen Jahres. Von oben betrachtet hielt ich ein struppiges, zerzaust aussehendes Etwas in den Händen. Auf der Rückseite (!) – dem Blütenboden – fand sich eine Schönheit, die mich vom ersten Blick an faszinierte: Viele kleine Öffnungen ließen das Licht durchscheinen. Immer wieder hielt ich die Disteln vor das Bergpanorama und konnte mich nicht satt sehen.

Wie ein Tanz schienen die Öffnungen einem geheimen Rhythmus zu folgen – und plötzlich war in meinem Hirn das Wort »Fibonacci-Zahlen« (ich hatte von diesem Phänomen im Zusammenhang mit der Anordnung der Sonnenblumenkerne gehört).

Mein Smartphone verriet mir, dass die Fibonacci-Folge sich in vielen Naturphänomenen zeigt: in sich aufrollenden Farnwedeln, der Windung der Schneckenhäuser – und eben auch in den Blütenköpfen der Silberdistel. Stunde um Stunde saß ich auf der Bank vor dem Maiensäß, putzte die Blütenköpfe und fragte mich manches Mal, was ich hier mache. Der Mantel fand seine endgültige Form, als ich die Kurven der Fibonacci-Folge auf Papier übertrug und so die Spiralform für die Anordnung der Blütenköpfe fand.«

Beim Fibonacci-Mantel war sofort klar, wo sein Platz sein sollte. Mit seiner stillen Ausstrahlung sollte er vor der Kapelle stehen, im lichtdurchfluteten obersten Stockwerk des Hospizes.

Die Botschaft des Mantels erschloss sich uns nicht auf den ersten Blick. Doch der »geheime Rhythmus«, von dem Astrid J. Eichin in der Beschreibung des Mantels spricht, könnte vor der Kapelle gut verstanden werden, wo Menschen in schweren Zeiten in der Stille und im Gebet den verborgenen Takt und die verlässliche Ordnung ihres Lebens suchen. Hier hatte er auch etwas mit Glaube und Vertrauen zu tun.

Das Fibonacci-Prinzip

Die Fibonacci-Spirale wird aus Kreisbögen und Quadraten konstruiert. Um die ästhetisch funktionale Ordnung in diesem Prinzip nachvollziehen zu können, soll die zugrunde liegende mathematische Formel kurz erläutert werden.

Die Fibonacci-Folge ist eine unendliche Folge von Zahlen, die (ursprünglich) zweimal mit der Zahl 1 beginnt oder häufig, in moderner Schreibweise, zusätzlich mit einer führenden Zahl 0. Die ersten beiden Zahlen werden addiert, dann wird diese Reihe jeweils mit dem Ergebnis fortgesetzt. Das heißt, die Summe zweier aufeinanderfolgender Zahlen ergibt die unmittelbar danach folgende Zahl: 0, 1, 1, 2, 3, 5, 8, 13, 21, 34, 55, 89, 144 usw.[65]

Die Fibonacci-Reihe

Das Verhältnis zweier aufeinanderfolgender Fibonacci-Zahlen strebt mit den größer werdenden Zahlen immer genauer dem Goldenen Schnitt zu.

Zahlreiche Wachstumsvorgänge der Pflanzen werden durch die Fibonacci-Folge beschrieben, als wäre darin eine Art Wachstumsmuster in der Natur zu erkennen. »Viele Pflanzen weisen in der Anordnung ihrer Blätter und anderer Teile Spiralen auf, deren Anzahlen durch Fibonacci-Zahlen gegeben sind, wie beispielsweise bei den Früchten in Fruchtständen … Durch eine spezifische, richtungweisende, spiralförmige Anordnung der Blätter um die Sprossachse erzielt die Pflanze die beste Lichtausbeute. Durch einen besonderen Versatz der Blätter um das Verhältnis des Goldenen Winkels … wird der denkbar ungünstigste Fall vermieden, dass ein Blatt genau senkrecht über dem anderen steht und so die Blätter maximalen Schatten auf darunterliegenden Blättern erzeugen oder maximale Lichtlücken entstehen. Beispielsweise tragen die Körbe der Silberdistel Hunderte gleichgestaltiger Blüten. Auch die Schuppen von Fichtenzapfen wie auch von Ananasfrüchten oder die Samen der Sonnenblumen bilden im und gegen den Uhrzeigersinn Spiralen, deren Schuppenanzahl durch zwei aufeinanderfolgende Fibonaccizahlen gegeben ist.«[66]

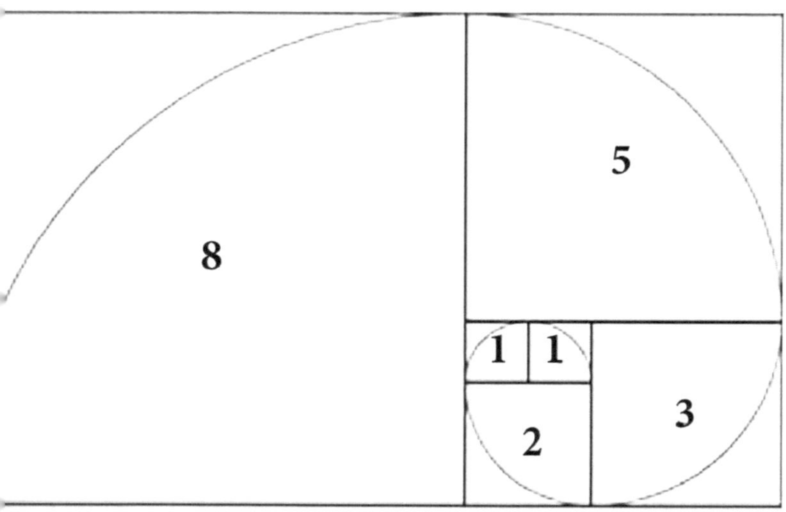

Dieser wissenschaftlichen Erkenntnis liegt, mathematisch berechenbar, ein universelles, vollkommenes Wachstumsmuster zugrunde und erschließt ein großartiges Ordnungssystem in der uns umgebenden Schöpfung. Es gibt eine »diskrete Seite«, das heißt, die einzelnen Punkte haben an der Oberfläche keine sichtbare Verbindung, sind aber trotzdem rechnerisch verbunden, sowie eine »rekursive Seite«, bei der die Aneinanderreihung der Punkte in immer gleicher Struktur auftritt, zurückgreifend auf die Punkte davor.

Das Fibonacci-Prinzip kann für den gläubigen Menschen als Hinweis auf einen Schöpfergott gelten, der diese vollkommene Ordnung geschaffen hat. Die Bibel erzählt von Hiob, der mit seinem Namen geradezu exemplarisch für einen steht, dem das ganze Unglück dieser Welt geschehen ist. Hiob, der nicht verstehen kann, warum er, der Gottesgläubige, so viel Elend erleben muss, stellt Gott zur Rede. Im Gespräch verweist Gott den Klagenden und Zweifelnden auf diese Ordnung und fordert ihn auf, sein persönliches Schicksal in Relation zu einem großen Ganzen zu begreifen. Er stellt Hiob Fragen: »Wo warst du, als ich die Erde gegründet? Sag es denn, wenn du Bescheid weißt! Wer setzte ihre Maße? Du weißt es ja. Wer hat die Messschnur über sie gespannt?« (Hiob 38,4–5). Gott verweist mit diesen Fragen auf einen Sinn und Plan, der hinter allem Sein verborgen liegt.

Die Spirale

Die Spirale kann als eines der archaischsten Symbole der Menschheitsgeschichte bezeichnet werden. Sie steht in allen Mythologien und Kulturen für Wandel und Veränderung im Innen und Außen. Das Fibonacci-Bauprinzip liegt der ideal geformten Spirale zugrunde.

C.G. Jung hat den Stellenwert von Symbolen für den Menschen untersucht und spricht von »Archetypen«[67], von Urbildern im kollektiven Unbewussten, die allen Menschen gemeinsam sind. In der harmonischen, ausgewogenen Form der Spirale erkennen wir die unendliche Bewegung, den wiederkehrenden Wechsel, Sammlung und Zentrierung nach innen, Öffnung und Expansion nach außen.

Im spirituellen Kontext ist die Spirale das zentrale Sinnbild des Weges zur Ganzheit und lädt zu einer inneren Umkehr des Menschen

ein, die eine geistige und körperliche Transformation bewirken kann. Dabei führt der Weg hinein und wieder heraus, wie in einem Mantra der Sängerin und Komponistin Arunga Heiden gesungen wird:

> »Im Gehen der Spirale beweg' ich mich nach innen
> und spür mit allen Sinnen ins Zentrum meines Seins.
> Im Gehen der Spirale entlasse ich das Alte
> und leg' es in die Spalte, in Mutter Erdes Schoß.
> Im Gehen der Spirale empfange ich das Leben
> und fange an zu weben, was neu entstehen soll.« [68]

Man unterscheidet jeweils die Richtung, in die sich die Spirale entfaltet. Die vom Mittelpunkt sich nach rechts drehende Spirale wird als Zeichen der Schöpfung gesehen, denn von einem Punkt aus verbreitet sich alles nach außen. Die linksdrehende gilt als Zeichen der Rückkehr zur Einheit, denn von außen führt der Weg wieder in die Mitte, ins Innere, ins Zentrum, zu sich selbst.

Alles Statische ist der Spirale fremd, sie ist Symbol der Leichtigkeit, des Dynamischen, des spielerischen Lebens und zugleich der inneren

Ordnung allen Seins. Sie enthält alle kosmischen Gesetze, Rhythmus und Schwingung, alles geht hinein und wieder hinaus.

Beim Spaziergang laden reizvolle kleine Schneckenhäuser ein, mitgenommen zu werden, ebenso ergeht es vielen im Urlaub beim Sammeln von Muscheln am Strand mit ihrem regenbogenfarbenen Schimmern. In der Pflanzenwelt finden wir unzählige Anordnungen von zusammenhängenden Spiralen.

Aus der Regelmäßigkeit des Wachstums aufeinanderfolgender Blätter oder Fruchtstände ergeben sich attraktive Muster, in denen unterschiedlich viele Spiralen entdeckt werden können. Wir staunen über emporrankende Pflanzen, filigrane Spinnennetze, wirbelnde Wasserstrudel, rhythmische Wellenbewegungen am Strand, Vögel, die sich in der Luft kreisend in die Höhe tragen lassen. Im Universum gruppieren sich Sterne zu Spiralgalaxien und selbst unsere Erbsubstanz ist spiralförmig.

Wir finden die Spiralform im Fibonacci-Mantel zunächst gut sichtbar in der spiralförmigen Anordnung der Silberdistelblüten auf dem Leinenstoff und unsichtbar verborgen auf der Rückseite jeder Blüte in tausendfacher Gestalt. Der Mantel ist durchdrungen von diesem Ordnungsprinzip.

Während die anderen drei Hüllen und Mäntel für die Fülle des Lebens, für unser Glück und unsere Mühsal, für das Suchen und Finden stehen, repräsentiert der Fibonacci-Mantel etwas, das größer ist als unser Verstehen. Da sind einerseits das völlig berechenbare Prinzip und andererseits Dimensionen, die wir nicht zu durchdringen vermögen: Natur, Kosmos, Glaube, Hoffnung und Liebe. Ganz zentral die Liebe: deshalb die besondere Gestaltung im Herzbereich.

Man kann die visuell wahrnehmbaren Phänomene, die sich über das Fibonacci-Prinzip mathematisch und empirisch erschließen lassen, einfach nur schön finden. Und man kann staunen darüber, dass es eine Ordnung gibt und wir sie entdecken, in der Natur erleben und bewundern dürfen.

Erkenntnisse und Einblicke

Der Fibonacci-Mantel hat bei den meisten BesucherInnen große Nachdenklichkeit ausgelöst. Die Menschen begegneten diesem Exponat mit Aufmerksamkeit, Neugierde, Staunen, andächtig, aber auch kritisch fragend. Allen BesucherInnen wurden Distelblüten in die Hand gegeben, damit sie das Zarte und Zerbrechliche haptisch erfahren. Wer die Blüte gegen das Licht hielt, konnte die Transparenz wahrnehmen. Da war sie, die große Ordnung in der kleinen, unscheinbaren, vertrockneten Blüte, wahrnehmbar nur für das suchende Auge.

Bei allen Führungen hat dieser Mantel am meisten zum Philosophieren angeregt. Mit diesem Mantel stellten sich die Fragen nach dem Warum, Weshalb, Wozu und Woher. Die Betrachtenden teilten ihre persönlichen Schicksalsschläge miteinander. Und doch trat im Betrachten des Mantels und im Laufe der Gespräche bei vielen BesucherInnen die Frage nach dem Sinn des Leids im Leben zurück und wich einem ahnenden, tieferen Verstehen. »Wenn es sich so verhält, dann hat ja eigentlich alles seine Ordnung.« Dennoch wird es im Erleben so wahrgenommen, dass sich nicht alles *richtig* fügt.

Die Frage konnte zugelassen werden: »Dann gibt es ihn, den

großen Plan, auch in meinem Leben, selbst wenn mir gerade alles fragwürdig vorkommt? Vielleicht kann allmählich auch mein Vertrauen in das ›Alles ist da‹ wachsen – hoffe ich, auch für mich in meiner Trauer.«

Einer Trauernden wurde angesichts des Fibonacci-Mantels bewusst, dass ihr gemeinsames Leben mit ihrem verstorbenen Mann nicht einfach zu Ende ist. »Es bleibt Teil dessen, was ich heute lebe. Es ist in der Addition meines jetzigen Lebens enthalten.« So konnte sie das Fibonacci-Prinzip auf ihr Leben und ihre Ehe übertragen.

Ausgelöst durch das Erkennen dieser äußeren Ordnung, fühlten sich viele Menschen beruhigt und ein Besucher erinnerte an eine Passage in einem Kirchenlied von Peter Strauch: »Meine Zeit steht in deinen Händen … nun kann ich ruhig sein, ruhig sein in dir …«

Wenn alles einer größeren Ordnung im Kosmos folgt und einen tieferen Sinn hat, dann hat neben dem Leben auch das Sterben und Trauern seinen Platz, dann geht nichts verloren. Alles ist aufgehoben.

Beim Betrachten des Fibonacci-Mantels wurden Sinnfragen gestellt. Sie mussten nicht abschließend beantwortet werden. Wichtig war, dass es Raum gab, sie zu stellen, ihnen nachzugehen, Aspekte zu beleuchten und gemeinsam zu besprechen. Und manchmal leuchtete bei den BesucherInnen ein Erkennen auf: Im Wissen um die Endlichkeit wird deutlicher, was Leben ist, denn wo Tod verdrängt wird, wird auch das Leben aus den Augen verloren.

Verbindung zwischen dir und mir, Außen und Innen – Herzensgut

Beschreibung

Der fünfte Mantel, Herzensgut, würde sich, ähnlich der Glückshaut, nicht einfach anziehen lassen, besteht das Gewand doch aus zwei Hälften. Es ist längs geteilt und die beiden Hälften sind mit Schnüren verbunden. Auch für dieses Gewand wählte die Künstlerin altes Bauernleinen. Zentral in der Körpermitte befinden sich drei in goldglänzenden Ringen aufgemalte Herzformen, die sich umschließen. In blauer Farbe erscheint dahinter in der Horizontalen das Element

Wasser, in gleichförmig ruhigen Wellenbewegungen gemalt, darunter das Element Erde mit grasgrünen Feldern – Farben des Lebens. Über dieser bildhaften Gestaltung sind auf beiden Mantelhälften tropfenähnliche Formen angebracht, auf denen man bei näherer Betrachtung Fingerabdrücke erkennen kann. Goldene Kordeln verbinden die eine Mantelhälfte mit der anderen, die, wenn man das Gewand tragen würde, aus der linken goldenen Herzkammer fließen. Über den rechten Ärmel des Mantels gelegt, kehren die goldfarbenen Schnüre auf der Rückseite des Mantels wieder zum Herzen zurück, verbinden kaum sichtbar die beiden Mantelhälften miteinander.

Die Künstlerin schreibt:

»Der Mantel ist aus zwei Hälften gearbeitet, die nicht miteinander vernäht sind. Auf jedem der beiden Mantelteile findet sich die Hälfte eines mit Blattgold auf das Gewebe aufgebrachten Herzens. Goldene Verbindungs-Schnüre .... symbolisieren die Verbindung zwischen uns Menschen auf der Herzensebene. Verbindung kann nicht ›von oben oder außen‹ verordnet werden – sie wird dann lebendig, wenn wir Menschen uns begegnen und uns einander zeigen. Es finden sich auf dem Leinengewebe weiße Felder in der Form von Wassertropfen oder Samen. Dieses Motiv erinnert uns daran, dass solche Prozesse Zeit benötigen, Pflege und Achtsamkeit – gleich der Pflege eines Gartens. Auch mögen sie uns an das Pfingstfest erinnern, an die ›Feuerflammen des Heiligen Geistes‹, durch den die Verbindung über alle Sprach- und Verständigungsgrenzen hinweg geschieht.«

»Herzensgut« wurde zum Auftaktgottesdienst der Jubiläumsfeiern in der Gemeindekirche gezeigt. Er hatte die Aufgabe, im Festgottesdienst das Motto des Jubiläumsjahres »Hülle und Fülle« zu repräsentieren. Durch seinen Bedeutungsgehalt war er der ideale Mantel für diesen festlichen Anlass, denn mit den zurückliegenden zehn Hospizjahren verbinden wir unzählige Erfahrungen von Hülle und Fülle, Begegnungen von Herz zu Herz, die wir mit goldenen Erinnerungsfäden verknüpfen.

Drei Monate war dieser Mantel in der Kirche Ausstellungsobjekt und Gegenstand von meditativen Betrachtungen, Gottesdiensten und Andachten. Seine Präsenz stellte eine geistig-seelische Verbindung zum Hospiz dar – für die Gemeinde bei jedem Kirchenbesuch erlebbar, wie einige im Hospiz engagierte Gemeindemitglieder erzählten.

Danach fand »Herzensgut« seinen Platz im stationären Hospiz, nahe am Gemeinschaftstisch, dem Herzstück der Station, an dem sich Gäste, Angehörige, Pflegende und Ehrenamtliche begegnen, gemeinsam Mahlzeiten einnehmen, Gespräche stattfinden, Feste gefeiert und Abschiede begangen werden. Es war der einzige Mantel, der nicht öffentlich zugänglich, sondern nur den Menschen vorbehalten war, die auf der Station leben, sterben, trauern und arbeiten. Aus diesem Grund wurde mit diesem Mantel auch nicht aktiv in den Trauergruppen gearbeitet.

Herzensgut – eine sinnbildliche Spurensuche

»Herzensgut« ist im Sprachgebrauch ein etwas angestaubtes Wort, ein Adjektiv im Kontext von Tugenden. In der Vorstellung fühlt es sich schön an, wohlig, innig. Es wird uns warm ums Herz bei dem Bild, das »herzensgut« auslöst.

Als einen herzensguten Menschen bezeichnen wir jemanden, der freundlich, fürsorglich und verständnisvoll ist, sich vielleicht als wohltätig und gütig erweist. Die so beschriebene Persönlichkeit handelt

offenherzig. *Seelengut* ist dieser Mensch, denn sein Denken und Tun wird bestimmt, indem er sein Herz sprechen lässt. Aus einer inneren Neigung heraus ist er um das Wohl der Menschen bemüht.

In der beliebten Erzählung »Der kleine Prinz« von Antoine de Saint-Exupéry wird die Erkenntnis, dass im Innern bedeutsame Lebenswahrheiten zu finden sind, in einfachen Worten formuliert: »Man sieht nur mit dem Herzen gut. Das Wesentliche ist für die Augen unsichtbar.«[69]

Zweigeteilt

Bei einem Mantel mit dem Namen »Herzensgut«, zu dem entsprechende menschliche Charakterzüge assoziiert werden, mutet es in gewisser Weise paradox an, dass er durchtrennt ist, zerschnitten, geteilt, auch das goldene Herz.

Wenn man, unabhängig vom beschriebenen Mantel, über einen geteilten Mantel spricht, wird vermutlich am häufigsten der heilige Martin assoziiert. Ein herzensguter Mensch, der in der winterlichen Kälte seinen warmen Mantel mit einem Bettler teilte, indem er ihn mit seinem Schwert der Länge nach durchtrennte. Diesem Mann war es eine Herzensangelegenheit zu teilen, er hörte auf seine Herzensstimme und fühlte sich verbunden mit dem Notleidenden. Er zeigte und lebte Mitgefühl durch das Miteinanderteilen. »Geteiltes Leid ist halbes Leid«, sagt ein Sprichwort, und meint ein Teilen, das als Weg zum »Mehr«, nicht zum »Weniger« angesehen werden kann.

Ein weiterer Aspekt der Zweiteilung des Mantels ist das durch die Trennung entstandene Gegenüber.

Durch das Getrenntsein (z. B. in existenziellen Krisen, durch verschiedene Lebenswege, im Sterben und Trauern) wird das Andere, das scheinbar nicht mehr zu mir gehört, ein dennoch notwendiges Gegenüber: Ich erlebe mich neu erst durch dieses Außenstehende. Im Abstand kann ich mich und sie/ihn erkennen und erfahren. Da sind und bleiben zwei. Die Verbindung der beiden Teile durch das goldene Herz und den Faden bleibt eine »Herzenssehnsucht«, gelingt sie, dann ist es »herzensgut«.

Die beiden Teile bleiben im Herzen verbunden, doch auf der sichtbaren Ebene sind sie zunächst durchtrennt. So erleben es viele Verwitwete, wenn sie gar von Amputation sprechen, um das Gefühl zu beschreiben, einen Teil von sich verloren zu haben. Trauer – ein Zustand von Zerrissenheit. Als »Herzschmerz«, eine oft bei Enttäuschungen in der Partnerschaft genannte Empfindung, beschrieb es eine junge Frau, die in der Trauer um ihren Mann im Herzbereich physische Schmerzen hatte und diese malend aufs Papier brachte. Unter der Bezeichnung Broken-Heart-Syndrom werden diese physischen Beschwerden nach Trennung und Verlust beobachtet und erforscht.

Je nach Betrachtungsweise könnte auch eine klaffende Wunde, eine Verletzung in der Herzmitte assoziiert werden. Das Verbindende im Herzen erkennt man erst auf den zweiten Blick. Da erscheint »Herzensgut« wie eine Allegorie auf das menschliche Zusammenleben in Gemeinschaften, in der Familie, im Freundeskreis, auch im Hospiz, angesichts des Zerrissenseins im abschiedlichen Miteinander.

Verletztes, Gekränktes, Geheimnisvolles, Verborgenes, Hingebendes, Liebevolles – alles empfinden wir im Herzen, weshalb es ein Gut darstellt, das uns beschützenswert erscheint. Unsichtbare Verbindungen im Verborgenen, beim »Herzensgut-Mantel« mit dünnen Goldschnüren dargestellt, halten oder fügen das schmerzvoll Getrennte wieder zusammen und tragen zur Heilung bei. Vielleicht verleihen sie der Wunde sogar etwas Kostbares.

Der goldene Faden weist jedoch auch über den Mantel hinaus. Er kann eine symbolische Verbindung zu nahestehenden Menschen anzeigen, doch über die Herzensverbindung können wir uns mit allem und allen verbunden fühlen. Wie tröstlich ist diese goldene Vernetzung auf Herzebene, die die Teilstücke des Mantels neu vereint.

Menschliches Miteinander wird ein Leben lang durch Verbindungen geprägt, sie entstehen durch lebendige Begegnungen untereinander, aber es braucht Zeit und Raum, dass Eigenes im Getrenntsein in Ruhe reifen und wachsen darf: Auf der Herzensebene im Innern miteinander verbunden, durch kostbare Goldfäden, und doch getrennt. Und: Getrennt sein dürfen, eigen sein dürfen. Und: Trennung aushalten und doch wissen, dass aus den Wassertropfen und Samen neues

Leben wächst. Die Verbindung bleibt zwischen uns und den Verstorbenen.

Astrid J. Eichins Mäntel und das Gezeitenmodell® von Ruthmarijke Smeding[70]

Erst die Menschen, mit denen intensiv in den Trauergruppen gearbeitet wurde, haben uns die ganze Fülle dieser Mäntel erschlossen. Als Anregung für TrauerbegleiterInnen wird nun dargestellt, wie Trauernde in der Begegnung mit den Mänteln ihren eigenen Weg reflektieren und Veränderung wahrnehmen konnten. Die Basis dazu bildet das Gezeitenmodell® der niederländischen Trauerforscherin Ruthmarijke Smeding. Deshalb soll dieses Modell hier kurz beschrieben werden.[71]

In der Trauerforschung gibt es eine große Anzahl von Trauermodellen, die häufig von einem linearen Verlauf der Trauer ausgehen und von Trauerphasen oder Traueraufgaben sprechen. Das Gezeitenmodell® basiert dagegen auf zyklisch verstandenen »Trauergezeiten«, die wie Ebbe und Flut immer wieder kommen können, sich jedoch auch verändern. Die »Gezeiten der Trauer« sind anhand eingängiger

Symbole gut auf die eigene Trauer übertragbar: Schleuse, Janus, Labyrinth und Regenbogen.

Die *Schleusenzeit®* meint die in der Trauer klar definierte Zeit zwischen Tod und Beerdigung. Mit dem Tod oder der Todesnachricht werden Menschen wie in einer Schleuse hindurchgezwängt und auf eine andere Ebene gehoben oder gesenkt. Der geliebte Verstorbene wird zur »Leiche« und mit seinem letzten Gewand umhüllt. Die sogenannten Schleusenwärter®, ÄrztInnen, Pflegende, SeelsorgerInnen, BestatterInnen, Ehrenamtliche unterstützen den Prozess des Abschieds mit ihrer Präsenz, mit ihrer Erfahrung und mit Ritualen.

Mit dem Tod ist man als Angehöriger in einem neuen Fahrwasser, für das die alten Kleider nicht mehr richtig taugen. Jetzt braucht es sturm- und wettertaugliche Kleidung, die gegen alle Anfechtungen schützt. Was vor der Schleuse liegt, ist abgeschnitten, es lässt sich nur noch in der Erinnerung eine Verbindung herstellen. Das eigene Lebensschiff fährt jetzt hinter der Schleuse weiter. Die Zeit ist eingeteilt in ein »Davor« und »Danach«.

Die *Januszeit®* ist benannt nach dem römischen Gott Janus. Er hat zwei Gesichter: eines, das nach vorne schaut, und eines, das zurückschaut. Der Blick und die Sehnsucht gehen in dieser Zeit der Trauer zurück in die Zeit, als man noch zusammen war und der Verstorbene einen »anziehend« fand. Es ist die Zeit des »Entweder ... oder«: Entweder der Verstorbene kommt wieder zurück oder es lohnt sich nicht mehr zu leben. Die Versuchung, das Leben zu verweigern, ist groß. Jetzt ist es wichtig, Geschichten von früher erzählen zu dürfen, nicht nur nach vorne schauen zu müssen, aber auch nicht im Blick zurück hängen zu bleiben. Beide Blickrichtungen machen den Menschen aus. Ambivalenzen und Gefühlsschwankungen, die für alle anstrengend sind, prägen diese Zeit, dürfen sein und müssen ausgehalten werden. In dieser Zeit können Trauernde unberechenbar, ja unausstehlich, sein, sich selbst und anderen fremd. Sie verstecken sich gerne hinter dicken Mänteln, auf jeden Fall wollen viele nach außen nicht zeigen, was innerlich in ihnen vorgeht.

Die *Labyrinthzeit®* ist der lange Weg, auf dem Trauernde versuchen, das eigene Leben neu zu finden. Sie kleiden sich wieder bewusster, suchen nach Farben, finden sich ab und zu auch anziehend, suchen sozusagen nach einem neuen »Outfit«, das sich möglicherweise noch häufig ändern wird. Sie wollen sich wieder sehen lassen können. Gleichzeitig stellt sich in dieser Zeit für viele die Frage, was mit den Kleidern des/der Verstorbenen geschehen soll. Und die Kleider sind zu schade zum Wegwerfen. Außerdem stellen sie noch eine Verbindung zu den Verstorbenen her und lösen Erinnerungen aus. Sie werden aber auch zunehmend zur Last. In dieser Zeit haben Trauernde Tage, an denen es gut ist. Und plötzlich gibt es wieder Einbrüche. Sie scheinen der Mitte, dem ersehnten Ziel nahe zu sein und fallen dann gleichsam wieder zurück. Und lange wissen sie auch nicht, was das Ziel ihres Lebens jetzt sein soll. Das Labyrinth wird in der Trauer oft als Irrgarten erlebt. Erst langsam wächst die Zuversicht, dass die Trauer zwar ein weiter Weg ist, es aber ein Ankommen gibt. Im Labyrinth verirrt man sich nicht, auch wenn es sich manchmal wie ein Irrgarten anfühlt.

In der *Regenbogenzeit®* kann es Trauer und Freude, Weinen und Lachen, Sonne und Regen nebeneinander geben. Der Regenbogen ist ein Bild für die Zeit, in der man sich wieder am Leben freuen kann, obwohl man immer noch den Schmerz spürt. Trauer und Freude sind nebeneinander möglich. Mehr noch: Der Regenbogen steht dafür, dass mit der Trauer ein neuer Blick aufs Leben möglich ist. Wer den Regenbogen sehen will, muss nach oben schauen und er entlockt immer ein Erstaunen – als würde man ihn zum ersten Mal sehen. Vielleicht geschieht eine neue Annäherung an einen Gott, von dem man sich verabschiedet hat, weil man sich verlassen oder gar bestraft fühlt. Der Regenbogen ist die wundersame Brücke zwischen Himmel und Erde, der farbenprächtige Bogen der Verheißung Gottes. Nichts zum Festhalten, aber ganz kostbar! Der eigene Horizont wird wieder weiter.

Dein Regenbogen
Du spannst deinen großen Bogen
Dieses Wunder an Farbe
Zwischen Himmel und Erde
Zwischen oben und unten

Zwischen hier und dort
Zwischen dir und mir[72]

Wichtig ist, zu berücksichtigen, dass diese drei letzteren Gezeiten wie in einer in die Tiefe oder in die Höhe führenden Spirale auf jeder neuen Ebene wiederkommen können, wenn auch mit einer veränderten Wahrnehmung. Die Qualität der Erfahrung und der Erinnerung hat sich auf der neuen Ebene verändert. Diese kleinen Nuancen der Veränderung gilt es, in einer behutsamen Trauerbegleitung zu sehen und zu unterstützen. Auf jeder weiteren Ebene des eigenen Trauerwegs kann sich das neu entstehende Kleidungsstück durch einen Faden, ein Stück Stoff, ein Stück Lebensperspektive verändern.

Es war frappierend, dass in den Trauergruppen nicht nur die vier Mäntel unterschiedliche Emotionen und Gedanken auslösten, sondern dass der gleiche Mantel bei den Trauernden andere Resonanzen hervorrief, je nachdem, ob jemand gerade eher in der Qualität der *Januszeit*®, der *Labyrinthzeit*® oder der *Regenbogenzeit*® war. Mehr noch: An den Reaktionen war geradezu ablesbar, welche der Gezeiten für die Betreffenden im Vordergrund stand. Im Folgenden werden Aussagen, Reaktionen und Emotionen der Trauernden diesen drei Gezeiten zugeordnet. Die *Schleusenzeit*® wird bewusst nicht beschrieben, denn hier sind die Menschen mit ihrer Energie ganz auf die Beerdigung ausgerichtet. In dieser Gezeit geht es ums Überleben, da wäre ein Arbeiten mit den Mänteln nicht möglich gewesen. Der Prozess in den Trauergruppen beginnt für die einen in der *Labyrinthzeit*®, andere suchen bereits in der *Januszeit*® den Kontakt zu anderen Trauernden.

Es scheuert

Januszeit®	Labyrinthzeit®	Regenbogenzeit®
Warum gibt es solch ein Leiden? Warum ich? Ich fühle mich ohnmächtig und hilflos und körperlich schlecht. Andere verletzen mich, ich kann mich nicht abrenzen. Erinnerungen tun weh. Die anderen halten meine Trauer nicht aus, ich halte mich selbst nicht aus. Ich bin unversöhnlich. Es ist schrecklich, Witwe/Witwer zu sein. Es ist unfassbar, dass du vor mir gestorben bist. Jetzt muss ich alles alleine entscheiden. Mich bedroht die Ungewissheit. Meine Sorge, dass wir etwas versäumt haben, belastet mich. Alles Schöne, das wir erlebt haben, gibt es »nie wieder«. Nicht ohne dich: Entweder du kommst wieder oder ich gehe auch! Alles in mir ist erstarrt. Ich will meine Trauer nicht zeigen, aber das ist anstrengend. Was vor deinem Tod war, war manchmal noch schrecklicher. Dein Tod hat mich wieder in mein eigenes Leben hineingeworfen.	Es gibt immer noch traurige Tage, obwohl es mir eigentlich wieder gut geht. Freundschaften haben sich verändert. Die anderen vermeiden, über den Toten zu sprechen. Die anderen sind zur Tagesordnung übergegangen. Es ist anstrengend, immer noch nicht angekommen zu sein. Wie lange dauert das noch? Meine Ungeduld! Ich dachte, ich wäre schon weiter in meiner Trauer. Ich habe oft das Gefühl, in der Trauer wieder zurückzufallen. Enttäuschungen sind immer noch bitter. Schuldgefühle haben mich abgehalten, deinen Tod anzuerkennen. Jetzt erst realisiere ich, was geschehen ist. Ich erkenne, dass ich meine Blickrichtung ändern muss. Auf dem Grabstein deinen Namen zu lesen, tut weh.	Es tut immer noch weh, die anderen in ihrem Glück zu sehen. Es gibt auch nach Jahren Familienfeste und Feiern im Jahreskreislauf, an denen du fehlst. Im Alltag sind die Lücken immer da. Du bist ja immer noch tot! Aus den Verletzungen sind Narben geworden, die bleiben werden. Manchmal kommen mir ganz unerwartet die Tränen. Ich kann die Glücksmomente nicht festhalten. Ich sehne mich nach neuer Beziehung und habe Angst, noch jemand zu verlieren. Das Leben scheuert unaufhörlich. Je »normaler« und schneller der Alltag läuft, umso feiner scheuert es.

Die Glückshaut

Januszeit®	**Labyrinthzeit®**	**Regenbogenzeit®**
In meinem Leben ist alles nur grau. Mein Leben hat seinen Glanz verloren, Glück gibt es in meinem Leben nicht mehr. Goldene Mäntel sind nur für die anderen! Der Goldmantel hält nicht, was er verspricht. Er ist unehrlich. Ich trauere um die verlorenen »goldenen Zeiten«. Die anderen sagen, ich würde das Vergangene zu sehr glorifizieren. Mit Gott habe ich nicht gehadert. Ich spüre trotz des Verlustes Dankbarkeit für das, was wir in der schweren Erkrankung gemeistert haben. Gerade deshalb fehlst du so.	Ich kann den Schatz aus der Beziehung heben. Ich kann wieder Glücksmomente wahrnehmen und zulassen. Glück fühlt sich jetzt anders an, es hat einen bitteren Beigeschmack. Ich sehe Glück mit anderen Augen, denn meine Augen haben den Tod gesehen. Ich sehe die Fülle unseres gemeinsamen Lebens. Was wir miteinander gelebt haben, trage ich als Schatz in mir. Ich bin neugierig, was noch an Schönem kommt. Nicht jeder ist seines Glückes Schmied und Glück ist so vergänglich. Ich möchte, dass es wieder schön wird. Ich halte es für möglich.	Erinnerungen bleiben mir als unverlierbar Kostbares. Ich habe ein neues Glück gefunden. Ich freue mich, was aus mir geworden ist. Ich bin durchlässiger geworden. Je offener ich werde, umso mehr Licht scheint herein. Es war so mühsam, aber etwas hat sich in mir geklärt, geläutert. Ich bin mir selber wieder etwas wert. Es ist nichts selbstverständlich. Ich kann Wesentliches von Unwichtigem rasch unterscheiden. Ich lasse mich durch keinen Schein mehr täuschen. Innerer Glanz ist mir wichtiger geworden als äußerer Schein. Das kleine Glück schenkt mir Vertrauen und Hoffnung. Ich bin dankbar für die Kostbarkeit des Lebens.

Der rote Faden

Januszeit®	Labyrinthzeit®	Regenbogenzeit®
Ich kann an meinem alten Leben nicht mehr anknüpfen, es ist vorbei. Der rote Faden meines Lebens ist abgerissen, verschwunden. Ich habe keine Kraft, den Faden neu aufzunehmen. Ich verberge mich unter dem Vielerlei. Ich bin immer in Aktion, lenke mich ab. Ich mag mein Leben nicht weiterstricken.	Mein Leben wird wieder bunter. Es gibt keine klare Richtung und doch eine Perspektive. Entspricht der rote Faden dem göttlichen Plan? Erinnerungen an schöne Zeiten tun nicht mehr so weh. Ich kann erleben, dass es einen Faden gibt, auch wenn er nicht immer greifbar ist. Ich kann an Altes anknüpfen. Ich bin dankbar für die Fülle, die wir gelebt haben. Ich muss den roten Faden immer wieder suchen. Ich spüre besser als vorher, was mir guttut. Ich kann mich besser abgrenzen. Ich bin stolz, dass ich es bis hierher geschafft habe. Ich entdecke neu, was mich ausmacht und mir wichtig ist. Ich fühle mich verstanden in einem Netz von Trauernden.	Ich freue mich an der neuen Buntheit meines Lebens. Ich kann wieder an die Zuversicht, die verschüttet war, anknüpfen. Ich kann den roten Faden in unserer gemeinsamen Geschichte sehen. Ich habe meinen roten Faden gefunden. Ich bin für andere in ihrer Trauer sensibler geworden. Ich kann mich ohne meinen Partner/meine Partnerin denken. Ich bin ich! Ich traue mich, wieder »anzubandeln«.

Fibonacci-Mantel

Januszeit®	**Labyrinthzeit®**	**Regenbogenzeit®**
Ich habe meine Ordnung verloren, kann sie nicht mehr sehen. Ich habe meinen Glauben, mein Vertrauen verloren. Das Leben ist für mich unberechenbar geworden. Meine tägliche Lebensstruktur funktioniert nicht mehr. Wir waren ein gutes Team. Jetzt hängt alles an mir. Der Rhythmus der Natur hat nichts Tröstliches mehr für mich: Wie kann es Frühling werden, wenn du tot bist?	Ich suche eine neue Orientierung in meinem Glauben. Ich weiß nicht, was mich weitergehen lässt. Ich ahne, dass sich die Ordnung im Fühlen ergibt, nicht im Denken. Ich schaue, was ich bewahren möchte. Ich kann den »Samen« aus der Beziehung sehen. Ich werde geführt, der/die Verstorbene hilft mir. Ich freue mich wieder an den Jahreszeiten.	Ich kann größere Zusammenhänge erkennen. Das Muster des Lebens hat sich mir erst im Rückblick erschlossen. Die Schönheit liegt im Verborgenen. Ich kann mich meinem Glauben wieder annähern. Ich bin dankbarer und achtsamer geworden, manchmal andächtig und ruhig. Es gibt wieder Vertrauen in den Fluss des Lebens. Mein Leben hat wieder eine Ausrichtung. Ich kann wieder staunen über die Natur und erlebe darin Vollkommenheit. Ich kann »dahinter« schauen und ahne Sinn, wo vorher nur große Fragen waren. Zerbrechlichkeit und Vergänglichkeit gehören zum Leben.

Zwei Säulen Palliativer Spiritualität

Kleidung – Umhüllt- und Verhülltsein – zeigt sich als facettenreiches Thema der Hospiz- und Palliativbewegung, das auch menschheitsgeschichtlich zentrale Perspektiven eröffnet. Konkret erfahrbar wurde dies an den künstlerischen Mänteln im Hospiz St. Martin, die Menschen mit ihrer eigenen Geschichte in Resonanz und ins Gespräch gebracht haben: sei es in der Verwunderung über den Goldmantel, in der Reibung des Scheuermantels, in der Buntheit des Rote-Faden-Mantels, im Staunen über das Fibonacci-Wunder oder in der Herzensverbindung des Herzensgut-Mantels. Es war möglich, die Vielfalt und die Fülle des Lebens wahrzunehmen, die uns in schweren Zeiten verhüllt erscheinen. Verhüllt, geheimnisvoll und voller überraschender Momente zeigt sich das Leben, das Menschen im Betrachten der Mäntel beschrieben und reflektiert haben. So entdeckten wir eine der beiden Säulen Palliativer Spiritualität darin, Lebensgeschichten wahrzunehmen, ihnen Räume der Würdigung zu eröffnen und sie in der begleiteten Reflexion in einen größeren Kontext zu stellen.

In der Frage nach der verhüllten Gottheit und dem Wahrnehmen Gottes mitten im Leben sehen wir die zweite große Säule Palliativer Spiritualität. Denn das menschliche Bedürfnis, sich einerseits verhüllen und andererseits zeigen zu wollen, findet spirituell eine interessante Korrespondenz in der Frage nach der dem Menschen oft verborgenen Gottheit. Insbesondere in Krisenzeiten leiden Menschen daran, den Himmel als verschlossen zu erleben und keinen Zugang zum Göttlichen zu haben.

So basiert das theologische Herzstück der Palliativen Spiritualität auf Gottes Verhüllt- und Offenbarsein, das den Respekt vor dem Geheimnis Gottes verlangt und die Achtung vor dem Geheimnis des Menschen begründet. Palliative Spiritualität nimmt so auch das Ringen, Zweifeln, Suchen und Hadern vieler Menschen ernst, die sich zwar nicht als religiös oder spirituell begreifen, aber als suchende Menschen über sich hinausschauen wollen.

Lebensgeschichten wahrnehmen und deuten

Unser Leben besteht aus vielen Geschichten, in die sich untrennbar Erlebnisse mit denen hineinflechten, die wir lieben und die uns das Leben schwer machen. Sie wollen als Teil unseres großen »Lebensmantels« erzählt, gedeutet und gewürdigt werden. Auch wenn wir sie vielleicht gar nicht alle beschreiben könnten, tragen wir sie mit uns. So bringen auch Gäste, die ins Hospiz kommen, ihre Lebensmäntel und die in sie verwobenen Geschehnisse mit.

Palliative Spiritualität eröffnet den Raum, in dem sterbende und trauernde Menschen mit ihren Geschichten von getragenen und abgelegten, von gewünschten und hinderlichen Hüllen in Resonanz kommen können. Wenn Menschen ihr Leben erzählen, suchen sie darin Sinn, Identität und Ausrichtung. Sich Erfahrungen von Hülle und Fülle zu erzählen, gehört auch unter MitarbeiterInnen und Angehörigen zur Erinnerungskultur.

Deshalb soll das große Thema von »Hülle und Fülle«, dem wir uns in vielen Facetten bereits angenähert haben, jetzt anhand einiger konkreter Erfahrungen und Erlebnisse aus dem Hospiz vertieft werden.

Geschichten von Hüllen und Mänteln

Kleidung als ein Medium, sich in der Welt darzustellen, ist auch im stationären Hospiz ein wichtiges Thema. Es ist erstaunlich, wie viele oder wenige Kleider ins Hospiz mitgebracht werden. Manche Gäste wollen nach ein paar Tagen unbedingt noch einmal nach Hause, weil die wenigen Kleider, die sie mitgebracht haben, ihnen nicht reichen. Sie wollen sich für das Essen am Gemeinschaftstisch schön anziehen. Dann fühlen sie sich gleich nicht mehr so krank. Kleider stehen für Lebendigkeit und schützen vor der Unsicherheit, die jetzt kommt. Für andere hat Kleidung keine Bedeutung mehr. Sie wollen am liebsten aus den bequemen Jogginghosen nicht mehr raus oder entkleiden sich und liegen nackt im Bett. Die Kleider scheuern, die Haut tut weh oder juckt irrsinnig und es ist immer zu heiß. Am liebsten nichts anhaben. Zurück zur paradiesischen Nacktheit. Das halten Angehörige und Freunde schwer aus. Reflexartig versuchen sie, die Blöße zu bedecken, der entkleidete Mensch erscheint so schutzlos. Es ist, als ob man in seiner Nacktheit auch seiner Seele zu nahe kommen würde.

Es gibt Gäste im Hospiz, die nicht nur gut gekleidet, sondern auch innerlich geklärt sind. Sie brauchen wenig und geben viel. Sie schenken in vielfältiger Weise den MitarbeiterInnen im Hospiz so etwas wie wärmende Mäntel. Manchmal ganz konkret. So hat sich eine alte Dame, eine ehemalige Kunstschneiderin, im Hospiz noch einmal an die Nähmaschine gesetzt und getan, was sie immer getan hat. Beim Nähen war sie in ihrem Element. Sie war glücklich, als sie für die HospizmitarbeiterInnen einen großen Adventskalender nähen durfte. Mit seinen 24 Taschen war er wie eine große Umhüllung, die sie den MitarbeiterInnen in ihrer Dankbarkeit zurückgelassen hat. Damit konnte sie etwas geben, was sie aus der einseitigen Angewiesenheit herausgeholt hat. Es gehörte zu ihrer Identität, Schönes zu schneidern.

Henning Mankell beschreibt eindrücklich, wie das Nähen und Sticken eine metaphorische Bedeutung haben kann: »Es sind Nähte, die alles miteinander verbinden. Zwischen Menschen gibt es unsichtbare Nähte. Unsere Erinnerung näht unsere Träume mit den Gedanken fest, die wir denken, wenn wir wach sind. Wenn man klug werden und lernen will, Menschen zu mögen, muss man nähen. Du kannst deine Sehnsucht und deine Trauer auf ein Stück Stoff sticken und du merkst, alles wird leichter.«[73]

Dazu eine Geschichte von einem Stück Stoff, in das ganz offensichtlich das Heimweh und die Sehnsucht einer jungen Frau gestrickt waren. Wenn sie besucht wurde, hüllte sie sich häufig in ein anthrazitfarbenes Stricktuch mit einem feinen Lochmuster, offensichtlich eine aufwendige Handarbeit. Während der Versuch, im Gespräch mit ihr in Kontakt zu kommen, zunächst durchzogen war von längeren Schweigepausen, erzählte sie eines Tages von ihrem Tuch. Es stammte aus ihrer Heimat, wo die Frauen solche Tücher aus Ziegenwolle anfertigten. So konnten sie etwas zum Lebensunterhalt beitragen. Das Tuch war die Brücke zu Herkunft, Identität, Zugehörigkeit. Es war ihr wichtig, dass ihr Mann, der auch schwer erkrankt war, dieses Tuch nach ihrem Tod bekommen sollte. Sie hatten keine Kinder. Das Tuch hat sie auch in den Tagen vor ihrem Tod immer wieder schützend um sich gelegt.

Wie sich an Kleidern der Wandel der Lebensperspektive eindrücklich zeigt, beschreibt eine Mantelgeschichte aus dem Hospiz St. Martin, die der Palliativpfleger Ralf Wollmerstedt so erzählt:

»Frau W. kam aus der Klinik mit einer dieser üblichen Patiententüten. Alles, was sie mitbrachte, passte in diese Tüte. Auch ihr Bademantel war drin. Irgend so ein Gelbton, passend zu ihren schönen roten Haaren. Frau W. wollte nur sterben, schnell sollte es gehen, es lohnte nicht einmal, den Bademantel anzuziehen. Warum leben, wenn man im Hospiz sterben kann. Verwandte gab es kaum und andere Menschen sollten sie so nicht sehen. ›Türe zu, liegen lassen, ich will meine Ruhe.‹

Ich, aus der Klinik kommend, musste Hospiz erst mal lernen. Mobilität war immer ein wichtiger Ansatz: Wer mobil ist, auch mit Hilfsmittel, kann zu den Menschen, zu den Orten kommen – kann leben. Dass es dazu Kleidung brauchte, hatte ich bis zu meiner Begegnung mit Frau W. noch nicht kapiert. Meine ersten Versuche, sie an unseren großen Tisch zu locken, scheiterten kläglich. ›So, wie ich aussehe, kann ich nicht unter die Menschen treten.‹ Aber meine Beharrlichkeit, ihr auf die Nerven zu gehen, brachte sie dazu, samt Bett die gesamte Längsfront des Tisches zu belegen.

Kaffee und Kuchen waren lecker und oh, es gab andere Menschen, die in einer ähnlichen Situation waren. Sie kamen ins Gespräch und aus einer kleinen Tischgemeinschaft wurde Freundschaft mit zwei weiteren Frauen, die den Rest des Lebens anhielt. Jetzt könnte man mit der Geschichte enden und es beim Bademantel belassen. Aber das wäre zu einfach. Bademantel am Tisch und Gelb? Das geht gar nicht.

Und jetzt kam der eine oder andere Internetversand ins Spiel. Das Leben hatte sie wieder eingeholt. Ein paar Schritte waren möglich, der Transfer mit Rollstuhl und entsprechenden Medikamenten brachten die größtmögliche Freiheit. Der Tod kann warten und wenn schon, dann wenigstens schick. Ein Paket nach dem anderen mit modischer Kleidung oder Accessoires wurden im Sekretariat abgegeben. Ihr Schrank füllte sich.

Viele schöne Mäntel als Synonym für ihren Lebenswillen trug sie. Sie blieb bis zu ihrem Tod eine schön gekleidete Frau und die Mäntel gaben ihr den Schutz, nicht krank auszusehen. Ausflüge mit zwei anderen Frauen in die Stadt waren keine Seltenheit. Und die Mäntel der Freiheit wehen für mich immer noch im Hospiz.

›Lasst mich in Ruhe – ich will sterben.‹ Ich mochte den Satz so nicht stehen lassen. Der Tod kommt erst mit dem letzten Herzschlag, aber bis dahin lebt der Mensch – auch oder gerade im Hospiz. In all seiner Fülle. Und alle haben ihren Anteil daran.«

Geschichten von Lebensqualität und Fülle

Es gibt viele Fülle-Geschichten im Hospiz mit den Gästen, mit ihren Angehörigen und mit den Trauernden auf ihrem langen Trauerweg: Grillfeste, Frühstücks- und Kaffeetafeln auf der Dachterrasse, Sommerfeste, letzte Hochzeitstage und Konzerte, die Chöre und Bands für eines ihrer Chormitglieder im Hospiz geben, eine letzte Ballonfahrt, ein großes Fußballspiel. Noch einmal auf den Weihnachtsmarkt, ins Museum gehen, FreundInnen empfangen, sich eine Kosmetikbehandlung gönnen, eine Fußmassage oder ein Wellnessbad mit einem Glas Sekt … Vielleicht noch einmal richtig zum Essen ausgehen – auch wenn man nur noch wenig essen kann. Weil alles möglicherweise zum letzten Mal ist, wird es sehr bewusst erlebt und ist besonders kostbar.

Ganz häufige, fast alltägliche Glücksgeschichten sind die im Hospiz besonders gestalteten Jahreszeitfeste, zu denen großzügig dekoriert wird. Herausragend sind Geburtstage, die im Hospiz gefeiert werden. Eine Dame, die im Hospiz ihren Geburtstag gefeiert hat und wusste, es wird ihr letzter sein, wollte noch einmal ein üppiges Fest feiern, ein Fest in Überfülle. Ihre Freundin hatte ihre Lieblingsspeisen, Lachs, Schinken, Kaviar und allerlei selbst gemachte Aufstriche auf prächtigen Platten gebracht. Sie selbst konnte von allem nur wenig kosten, aber sie tat es mit sichtlichem Genuss und freute sich, dass es den Gästen schmeckte. Das Zitronen-Sorbet mit Champagner war der krönende Abschluss. Die Frage ihrer Freundin, welche Leckereien sie sich wünsche, beantwortete sie folgendermaßen: »Bring von allem reichlich.« Reichlich. Fülle. Für die Freundin war es ein bleibender Trost, ihr dieses Fest in Großzügigkeit ausgerichtet zu haben.

Wie die Zeit im Hospiz zu einer Zeit der Fülle geworden ist, haben Angehörige einer älteren Dame im Gedenkbuch so formuliert und auf den Punkt gebracht: »In diesen fünf Wochen im Hospiz St. Martin erlebte Elisabeth (Name geändert) alles, wofür es sich gelohnt hatte zu leben: Liebe, Zuneigung, Spaß, Traurigkeit, Hilfe, Mitgefühl, Freundschaft, Anerkennung, Vertrauen, Freude, Geborgenheit, Trost. Dafür sind wir euch für immer dankbar.« Die 85-jährige Dame hatte sich bewusst entschieden, im Hospiz zu sterben, und hat in den wenigen Wochen in ihrer offenen Art viele Freunde gewonnen.

Leben in Fülle ist möglich bis zum Schluss. Dies ist als erstaunliche und zentrale Erkenntnis festzuhalten für jeden, der kein Hospiz kennt und Schreckensbilder des Sterbens in sich trägt. Fülle gibt es in jeder Lebensphase. Aber sie lässt sich nicht festhalten. Auch das reichlich gefüllte Lebensglas hält eines Tages den letzten Schluck bereit. So hat es ein Gast des Hospizes für sich gesehen, als seine Kraft merklich nachließ und er bestimmte Behandlungen nicht mehr wollte. Er brachte diese letzte Lebensetappe in ein anschauliches Bild: Eines Morgens sagte er, es sei nun wohl der letzte Schluck, den er in seinem bisher reich gefüllten Lebensglas habe, und erinnerte sich an den Vers aus Psalm 23: »Du füllst mir reichlich den Becher.« Ja, Gott habe ihm den Becher reichlich gefüllt, er sei dankbar. Und er sei jetzt bereit zu gehen, es sei »genug«. Für denselben Tag war ein Termin mit der Kunsttherapeutin vereinbart und weil er keine Kraft mehr zum Malen hatte, malte sie nach seiner Vorstellung (»Malen mit geliehenen Händen«) sein Bild: Ein Glas mit einem letzten Schluck Weißwein und ein leerer Krug waren das gewünschte Motiv. Das war seine jetzige Situation, glasklar und ungeschönt, und doch in einer berührenden Ästhetik: der letzte Schluck. Daneben stand eine Vase mit einem üppig bunten Blumenstrauß. Jede einzelne Blume war von ihm als Kenner der

Blumenwelt bewusst ausgesucht und stand für eine bestimmte Tugend oder Eigenschaft: Wille, Individualität, Ehre, Erotik, Schönheit. Der Blumenstrauß war das Bild für sein Leben, für das er dankbar war. Die Kostbarkeit des letzten Schlucks und die überbordende Fülle eines gelebten Lebens waren präsent. Lebenslust und Lebensfreude waren genauso greifbar wie die zur Neige gehende Lebenskraft. Wie er die Fülle seines Lebens auch seiner Partnerin verdankte, konnte er ihr an dem üppigen Blumenbild liebevoll beschreiben.

In den Tagen vor seinem Tod war ihm der Blick auf das Bild wichtig und auch fremd. Als er das Glas aus eigener Kraft nicht mehr füllen konnte, haben es seine Freunde mit ihrer Präsenz und Liebe für ihn getan.

Der verhüllten Gottheit begegnen

Verhüllung und Geheimnis

Die Bibel erzählt von der Sehnsucht des Menschen, das unverhüllte Angesicht Gottes sehen und ihm von Angesicht zu Angesicht begegnen zu wollen. Vielleicht ist es das Heimweh nach dem »verlorenen Paradies«, in dem Gott noch das erkennbare Gegenüber war. Geradezu drängend bittet Mose Gott darum, ihn sehen zu dürfen: »Lass mich doch deine Herrlichkeit schauen« (Ex 33,18). Das verweigert Gott, weil es nicht möglich ist, ihn unverhüllt zu sehen: »Du kannst mein Angesicht nicht schauen; denn kein Mensch kann mich schauen und am Leben bleiben« (Ex 33,20). An anderer Stelle hat sich Gott dem Mose als der »Ich-bin-da« (Ex 3,14 – nach der alten Einheitsübersetzung) vorgestellt. Gott ist als Verhüllter an Moses Seite, diese Präsenz hat er ihm zugesagt. Mose zweifelt Gottes Gegenwart nicht an, sonst würde er nicht im Dialog mit ihm stehen, aber er will mehr: Er will ihn sehen, unverhüllt.

Die Menschen suchen den, »der in unzugänglichem Licht wohnt, den kein Mensch gesehen hat« (1 Tim 6,16). Sie leiden an Gottes Ferne und Unerkennbarkeit. Und sie preisen ihn, weil sie ihm in seinen verbergenden Hüllen begegnen können, wobei die Schöpfung in vielen Religionen die zugänglichste Verhüllung Gottes ist. Hier kann er erfahren werden als der, der da ist. »Du hüllst dich in Licht wie in einen Mantel, du spannst den Himmel aus wie ein Zelt« (Ps 104,2).

Für alle Religionen, in denen Nächstenliebe und Achtsamkeit zentrale Werte sind, sind auch die Nächsten, die Bedürftigen ein Verweis auf die Präsenz Gottes. Dies war auch die nächtliche Erkenntnis des heiligen Martin: dass er Christus selbst begegnet ist, als er seinen Mantel mit einem bedürftigen Menschen teilte. Schließlich ist es das Individuum selbst, das in seiner Seele, seinem Urgrund einen heiligen Raum hat, in dem Gott wohnt. Diese unfassbare Wirklichkeit bleibt für Menschen ein Geheimnis, das nicht aufgelöst werden kann. Es geht darum, sich von ihm berühren, »ergreifen zu lassen«[74], also mit ihm in Beziehung zu treten. Oder wie es der evangelische Theologe Eberhard Jüngel sagt: »Ein wahres Geheimnis zieht uns an und ins Vertrauen. Es macht mit sich selbst als einem Geheimnis vertraut.«[75] Wenn wir das »Geheimnis lüften«, befriedigen wir zwar unseren Wunsch, dahinter schauen zu wollen, aber damit ist es auch verletzt. Ein Rätsel kann gelöst werden. Ein Geheimnis bleibt ein Geheimnis und ist nicht etwas, das es zu überwinden gilt.[76]

Das griechische Wort für Geheimnis heißt »mysterion« und meint in seinem ursprünglichen Wortsinn etwas, vor dem man die Augen schließen muss. »Man ist wie geblendet – so schön ist es, so überwältigend. Werden die äußeren Sehorgane geschlossen, können sich die Augen der Seele öffnen. Geheimnisse in diesem Sinne werden also nicht gelöst, sie werden bewohnt, gelebt und begangen.«[77]

Wir kennen zwei Weisen, Realität wahrzunehmen, oder wie Gotthard Fuchs sagt: »Alles in der Welt kann man entweder als Faktum, als pure Tatsache betrachten oder als Geheimnis. Art und Wachstum einer Pflanze zum Beispiel lassen sich chemisch oder mikroskopisch untersuchen. … Was aber sagt das über die Blume hier am Schreibtisch aus oder über den Baum vor dem Fenster? … Es geht um das Unglaubliche, das Überraschende, das Wunder des Daseins.«[78] Fakten, Tatsachen zu kennen, ist eine faszinierende Seite der Wirklichkeit. Aber es geht auch um das Staunen und Berührtsein angesichts des

Unbegreifbaren. Der Theologe Karl Rahner drückt es so aus: »Wenn wir die Sinnfrage stellen und zu beantworten suchen unter dem neuzeitlichen Erkenntnisideal, nach dem Erkenntnis erst dann zu ihrem Wesen und Ziel kommt, wenn sie durchschaut und das Erkannte beherrscht, … wenn sie nur mit klaren Ideen arbeiten will und die Bedingungen der Möglichkeit ihrer selbst bis zum Letzten reflektieren will, wenn sie sich selber als autonom die Grenzen dessen setzen will, was sie angeht und was nicht, wenn sie über das schweigen will, worüber man nicht klar reden kann, wenn ihr Interesse nur den funktionalen Zusammenhängen der Einzelheiten ihrer Erfahrungswelt gilt«[79], dann erfassen wir nur eine Seite der Wirklichkeit.

Die Suche und die Anbetung des verborgenen, unfassbaren Gottes sind zentral in der gesamten jüdisch-christlichen Spiritualität. Die Hülle (der Vorhang, der Tabernakel, der Tempel) verweist auf den unsichtbaren und doch gegenwärtigen Gott. Sie verbirgt ihn und ist Hinweis für seine Gegenwart. Ein eindrückliches Beispiel für die Suche nach dem unfassbaren Gott ist das durch den mittelalterlichen Theologen Thomas von Aquin 1263/64 verfasste Lied »Adoro te devote«. Es beginnt damit, dass der Mensch sich der verborgenen Gottheit betend annähert: »Gottheit tief verborgen, betend nah ich dir.« Betend suchen Menschen eine Annäherung an Gott und sie suchen nach Zeichen, um das Unbegreifbare zu ergründen. Am Ende des Liedes von Thomas von Aquin steht die sehnsüchtige Bitte: »Lass die Schleier fallen einst in deinem Licht, dass ich selig schaue, Herr, dein Angesicht.« Und der Mensch darf darauf vertrauen, dass Gott sich zeigen möchte, denn er ist auch ein »öffentliches Geheimnis«[80], ein »heilig öffentlich Geheimnis«, wie J. W. Goethe schrieb, das den Menschen ergreifen möchte.

Das Geheimnis Gottes ist für Rahner ein Ausdruck »für das unverfügbare, freie Sich-selbst-Mitteilen Gottes an den Menschen«[81]. Wenn etwas auf seinen verborgenen, größeren Zusammenhang hin durchsichtig wird, kann mitten im Alltag dieses Geheimnis aufleuchten, das wir Gott nennen. Das ist auch eine Qualität in zwischenmenschlichen Beziehungen. Oder wie Max Frisch es ausdrückt: »Es ist bemerkenswert, dass wir gerade von dem Menschen, den wir lieben, am mindesten aussagen können, wie er sei. Wir lieben ihn einfach. Eben darin besteht ja die Liebe, das Wunderbare an der Liebe, dass sie uns in der Schwebe des Lebendigen hält, in der Bereitschaft, einem Menschen zu folgen in allen seinen möglichen Erfahrungen.«[82]

Als liebender Mensch um Respekt, Achtsamkeit, Wertschätzung zu ringen, kann uns vor das göttliche Geheimnis führen. Vor ihm begreifen wir, dass ohne Ehrfurcht das Leben banal und verfügbar wird. Die Liebe ist biblisch gesehen jene Instanz, an dem alles Tun und alles Wissen ein Korrektiv und eine Ausrichtung findet: »Und wenn ich ... alle Geheimnisse wüsste und alle Erkenntnisse hätte; wenn ich alle Glaubenskraft besäße und Berge damit versetzen könnte, hätte aber die Liebe nicht, wäre ich nichts« (1 Kor 13,2).

Wir bleiben uns selbst und einander letztlich verborgen und es braucht die freie Entscheidung des Einzelnen, sich zu zeigen oder zu verhüllen. Es entspricht einer respektvollen Haltung, die Welt, die Natur, den anderen Menschen, das Göttliche als Geheimnis zu begreifen, das wir nicht lüften können.

Wenn wir einander ein Geheimnis mitteilen, ist das ein großes Zeichen von Vertrauen und wir erwarten Verschwiegenheit. Deshalb haben Geheimnisse eine große Wirkmacht: »Geheimnisse zu haben, ist eine Form der Selbstermächtigung.«[83] Als problematisch wird diese Selbstermächtigung erfahrbar, wenn Sterbende zu einzelnen MitarbeiterInnen im Hospiz eine besondere Nähe herstellen wollen, indem sie ihnen ein Geheimnis anvertrauen. Denn »erst (mit)geteilt, bekommt es seinen ganzen Nimbus, seine Kraft, Menschen an uns zu binden«[84] – und in dieser Absicht, jemanden zu binden, verlieren beide Seiten ihre Freiheit.

Für Erhard Weiher ist »Geheimnis« der zentrale Begriff für die Begleitung von Kranken und Sterbenden. Es steht für ihn »für das Innerste eines jeden Menschen und zugleich für den unergründlichen Sinn von Dasein, Sterben und Tod«[85]. So stellt er seine Überlegungen zu einer Spiritualität bei Krankheit, Sterben, Tod unter die Überschrift »Das Geheimnis des Lebens berühren«.

Der Mantel Gottes

Einen erstaunlichen Blick auf die verhüllte Gottheit eröffnet Rainer Maria Rilke in einem Gedicht. Hier sieht das sprechende Ich sich selbst als den Krug, das Gewand, das Haus, die Sandale und den Mantel Gottes. Das Gedicht nennt viele Bilder der Umhüllung. Immer ist das lyrische Ich das Gefäß und die Kleidung. Gott ist der Inhalt. Und vor diesem Hintergrund fragt es keck, aber am Ende auch bange: Was geschieht dann mit Gott, wenn der Mensch stirbt?

> *Was wirst du tun, Gott, wenn ich sterbe?*
>
> Was wirst du tun, Gott, wenn ich sterbe?
> Ich bin dein Krug (wenn ich zerscherbe?)
> Ich bin dein Trank (wenn ich verderbe?)
>
> Bin dein Gewand und dein Gewerbe,
> mit mir verlierst du deinen Sinn.
>
> Nach mir hast du kein Haus, darin
> dich Worte, nah und warm, begrüßen.
> Es fällt von deinen müden Füßen
> die Samtsandale, die ich bin.
>
> Dein großer Mantel lässt dich los.
> Dein Blick, den ich mit meiner Wange
> warm, wie mit einem Pfühl, empfange,
> wird kommen, wird mich suchen, lange –
> und legt beim Sonnenuntergange
> sich fremden Steinen in den Schoß.
>
> Was wirst du tun, Gott? Ich bin bange.

Rilkes Gott muss erst »als vergrabener ›Schatz‹ aus den eigenen Tiefen ans Licht gebracht werden...«[86]. Die Gottesfindung wird hier zur Selbstfindung. Gott wird *im* Menschen angesiedelt und ist von diesem als seinem Haus und Gewand abhängig. Diesen Gott muss das Individuum in sich selbst suchen und wird dabei in die dunklen Tiefen der eigenen Persönlichkeit hineingezogen.

Rilke hat sich am christlichen Glauben gerieben. Doch war ihm die Bibel ein wichtiges Buch und wer um Rilkes Psalmenliebe weiß, kann hier an Psalm 30 denken: Dort fleht der aus schlimmer Krankheit Genesende Gott um Gnade an, indem er ihm deutlich macht, wie unnütz der Tod des Beters für Gott ist. Denn von wem wird Gott noch gepriesen, wenn der ihn preisende Mensch gestorben ist? »Was nützt dir mein Blut, wenn ich zum Grab hinuntersteige? / Kann Staub dich preisen, deine Treue verkünden?« (Ps 30,10). Also, lass mich leben! So auch Rilke, der zwar forsch mit Gott spricht, aber steckt nicht auch darin der Versuch der Selbstberuhigung angesichts des eigenen Sterbens? Wenn Gott so angewiesen ist auf seinen ihn ummantelnden Menschen, dann wird er ihn vielleicht auch nicht sterben lassen? Trotzdem bleibt am Ende die Frage: »Was wirst du tun, Gott? Ich bin bange.«

Es bleibt offen, um wen sich das lyrische Ich sorgt. Um Gott? Oder um sich selbst? Oder um die Beziehung zwischen Gott und Mensch? Auf jeden Fall ist die Beziehung zwischen Ich und Du die feste Klammer um das Gedicht: »Was wirst *du* tun, Gott, wenn *ich* sterbe?«

Dieser dialogische Aspekt, das persönliche Ringen mit der verhüllten Gottheit, ist wesentlich für eine Palliative Spiritualität, die im Dialog auch Raum für das Klagen[87], Hadern und Zweifeln hat.

34 Spiralen
137,5077
13 Spiralen

Haltungen Palliativer Spiritualität

Ausgehend von Erfahrungen in der Sterbebegleitung und vertieft durch Erkenntnisse aus der Begleitung Trauernder, die mit der Erfahrung des Todes weiterleben müssen, enthüllt sich ein interessantes Ergebnis: Die verschiedenen Aspekte Palliativer Spiritualität geben Impulse für jeden Lebenskontext, sofern jemand für eine spirituelle Ausrichtung offen ist. Sie basiert zwar auf der Auseinandersetzung mit Sterben, Tod und Trauer, aber weil sie auch Frucht der »Weiterlebenstrauer«[88] ist, ist sie gleichzeitig mitten im Leben angesiedelt. Sie stärkt Menschen darin, Tod und Trauer in ihren Lebensmantel zu integrieren und daraus Lebendigkeit zu schöpfen.

Palliative Spiritualität kann die Lebenshaltung von Menschen prägen und im Hospiz sowohl für die Begleitenden wie die Begleiteten wegweisend sein. Da alle Beteiligten – Sterbende, An- und Zugehörige, Trauernde und MitarbeiterInnen – gleichzeitig MantelträgerInnen und »Mantelzorger«[89] für andere sind, werden sie im achtsamen Umgehen mit Verhüllungen und Offenbarungen zu Empfangenden wie auch zu Gebenden. Eindrücklich benennen dies die vielen Glücksmomente, die an der Glückshaut in kleinen Röllchen gesammelt wurden. Dort beschreiben vor allem ehrenamtliche HospizhelferInnen das Glück ihres Hospizengagements, in dem sie sich häufig als die eigentlich Beschenkten erleben.

Am Ende werden nun in acht Schritten Haltungen Palliativer Spiritualität benannt. Im Blick auf Begleitungen laden vertiefende Fragen zur kritischen Selbstreflexion und zum kollegialen Nachdenken ein. Wir verweben dabei die gewonnenen Erkenntnisse und verknüpfen sie mit Schlüsselwörtern der EAPC-Definition für Spiritualität.[90]

Wir sind verhüllt und wollen uns doch zeigen

Die äußere Erscheinung macht uns sichtbar und gibt uns unsere individuelle Gestalt, auch wenn sie vieles verhüllt. Unser Leib, der selbst eine Hülle ist, gehört wie selbstverständlich zu uns und braucht Zuwendung, will Nahrung, Pflege, Genuss, Zärtlichkeit, Sexualität. Er braucht es in gesunden Tagen und er erzwingt besondere Aufmerksamkeit in Zeiten von Krankheit und Trauer, wenn es an uns reibt und »scheuert«. Die Hülle ist ein wertvolles Geschenk und umschließt einen »heiligen Raum«. Wir sind der »Mantel Gottes«, wie Rilke es sagt. Der Apostel Paulus betont die Kostbarkeit des leiblichen Daseins so: »Wisst ihr nicht, dass euer Leib ein Tempel des Heiligen Geistes ist, der in euch wohnt und den ihr von Gott habt?« (1 Kor 6,19). Deshalb wäre es vielleicht angebracht, ihn in eine goldene Glückshaut zu hüllen. Das wäre ein Traum. Ob es uns glücklich machen würde, wissen wir nicht. Der Mantel könnte zu schwer sein.

Es macht uns Freude, wenn wir uns zeigen dürfen und wahrgenommen werden. Deshalb ist es für manche wichtig, sich auch wenige Tage vor dem Tod noch aufwendig zu schminken, so wie sie es immer getan haben. Wir zeigen uns gerne strahlend wie in einer »Goldhülle«, manchmal kunterbunt oder mit einer Außenseite, an der sich andere reiben. Wir werden als »herzensgute« Menschen wahrgenommen oder als Menschen, die für eine Ordnung, eine Haltung, eine erkennbare politische oder religiöse Einstellung stehen.

Wir wollen uns in unserem Leib[91] vorteilhaft zeigen, uns mit passender Kleidung schmücken, etwas durchscheinen lassen. So kommen wir auch leiblich mit anderen in Kontakt und können »als Einzelne und in Gemeinschaft Sinn, Ziel und Transzendenz erfahren, ausdrücken und/oder suchen«[92].

Vielleicht haben sich andere auch an uns gerieben, weil wir etwas abwehren mussten. Ob wir mit uns in Übereinstimmung gelebt haben und was gescheuert hat, entdecken wir vielleicht erst im Rückblick und wenn wir danach gefragt werden.

Die Frage, wem ich mich in aller Ehrlichkeit zeigen kann, wird in Zeiten der Krankheit, des Sterbens und in der Trauer wesentlich. Es ist wichtig, in der Begleitung behutsam wahrzunehmen, was jemand von sich preisgeben möchte und wo sie oder er Schutz braucht.

Für die Begleitung könnten wir uns fragen:

- Mit welchen Mänteln kommt jemand ins Hospiz, auf die Palliativstation, zur Trauerbegleitung?
- Welchen Mantel trägt und zeigt sie oder er am liebsten?
- Wie können wir einem sterbenden Menschen einen schützenden Mantel anbieten, ohne ihn zu bevormunden?
- Wie kann es uns gelingen, das Wesen des begleiteten Menschen wahrzunehmen, obwohl er in seiner äußeren Hülle entstellt ist?
- Wie kann sich der Mensch selbst, der begleitet wird, trotz körperlicher und seelischer Versehrtheit als kostbar wahrnehmen?
- Welche Mäntel geben Schutz, ohne zu erdrücken?

Wir legen Hüllen ab und wandeln uns

Wie wir zu unterschiedlichen Gelegenheiten die Kleider wechseln und manche für immer aussortieren, so hat der Kleiderschrank des Daseins ein großes Repertoire an Lebensmänteln. Wir wählen immer neu das für uns passende Outfit. Das gehört zum Menschen. Und sollte uns nach Jahrzehnten jemand versichern, wir hätten uns gar nicht verändert, ist das ein zwiespältiges Kompliment. Es geht uns dann vielleicht wie Herrn Keuner in der bekannten Geschichte von Bertolt Brecht:

»Ein Mann, der Herrn K. lange nicht gesehen hatte, begrüßte ihn mit den Worten: ›Sie haben sich gar nicht verändert.‹ ›Oh!‹ Sagte Herr K. und erbleichte.«[93]

»Existentielle Herausforderungen« verwandeln uns und berühren die »Fragen bezüglich Identität, Sinn, Leiden und Tod, Schuld und Scham, Versöhnung und Vergebung, Freiheit und Verantwortung, Hoffnung und Verzweiflung, Liebe und Freude.«[94]

Wir werden meistens nicht gefragt, ob wir uns wandeln wollen, es geschieht, dass wir uns häuten müssen, dass es scheuert, dass wir abgeschliffen werden »bis auf die Herzhaut« (Hilde Domin). Dann ist es gut, dass wir das scheuernde Gewand ablegen können. Und vielleicht tauschen wir auch gerne die kunterbunte und anstrengende Vielfalt mit der Klarheit und Ordnung eines Fibonacci-Mantels. Oder es wird uns ein neues Kleid aufgezwungen und ein lieb gewonnenes gegen unseren Willen weggenommen! Lebenswendende Einschnitte verändern uns und man begreift vielleicht erst später, wozu der neue Mantel gut ist.

Als Trauernde sind Menschen gleichermaßen mit den abgelegten Mänteln der Verstorbenen befasst wie auch mit den Gewändern, die ihnen selbst nicht mehr passen. Deshalb ist es für sie wichtig, Orte zu haben, an denen Abgelegtes einen Platz findet, und Menschen zu kennen, die Verwandlung zulassen und sie nicht in die alten Hüllen zwingen.

Für die Begleitung könnten wir uns fragen:

- Welchen Mantel würde jemand gerne ablegen oder zerreißen bzw. welche Lebensmäntel hat sie oder er bereits abgelegt oder ablegen müssen?
- Welchen Mantel hat jemand angenommen oder welchen wünscht er sich?
- Welche Mäntel sind unvollendet geblieben und sollen noch zu Ende geschneidert oder vielleicht geflickt werden?
- Welchen neuen Lebensmantel möchte jemand gerne anziehen?
- Wie können wir die spirituelle Buntheit eines Menschen wahrnehmen und würdigen?

Wir sind einander Geheimnis

Mit der Hülle, die wir nach außen zeigen, treten wir in Beziehung zueinander. »Spiritualität ist auch die Art und Weise, in der Menschen sich … mit Anderen, mit der Natur, mit dem (für sie) Bedeutungsvollen … in Beziehung setzen.«[95]

Für die BegleiterInnen ist es wichtig, den Gast nicht auf die zuerst gezeigte Hülle, den ersten Eindruck, festzulegen und damit zu rechnen, dass er etwas in sich trägt, das er nicht zeigen kann oder nicht zeigen will. Bei den Gesprächen über die künstlerischen Hüllen im Hospiz kam oft zur Sprache, wie wir uns voreinander verbergen und wie kostbar Beziehungen sind, in denen man sich zeigen darf.

Die äußere Hülle kann eine Persönlichkeit verbergen oder zum Durchscheinen bringen. Mit einem feinen Empfinden füreinander nehmen wir wahr, ob Äußeres und Inneres übereinstimmen. Wir wollen wissen, woran wir mit dem andern sind. Meistens ist das Wechselspiel zwischen Zeigen und Verbergen gar nicht so bewusst. In einem gewissen Maß leben wir immer im Wechselspiel von Verborgensein und Sich-Zeigen und setzen eine Grenze, wenn uns jemand zu nahe kommt. Wir können damit im täglichen Leben spielerisch umgehen und zeigen nicht jedem das gleiche Gewand. Das ist unsere Freiheit.

Wir bleiben einander immer ein Stück weit Geheimnis, auch in sehr nahen Beziehungen. Es gehört zum gegenseitigen Respekt, dem anderen sein Geheimnis zu lassen und trotzdem gegenseitige Nähe zu ermöglichen. Anders ist es, wenn uns jemand »rätselhaft«, zwiespältig, undurchsichtig erscheint. Das ist verwirrend, bringt uns in Distanz oder drängt uns, hinter das Rätsel kommen zu wollen.[96]

Bei Beerdigungen erzählen Trauergäste aus unterschiedlichen Lebensphasen des oder der Verstorbenen ganz verschiedene Geschichten und es ist oft beeindruckend, wie viele Facetten jemand gelebt hat! Das liegt nicht nur daran, dass wir uns unterschiedlich präsentieren, sondern dass die oder der andere in uns auch jeweils andere Seiten zum Vorschein bringt. Die Frage ist, wie bewusst und reflektiert wir damit umgehen. Deshalb ist es wichtig, am Ende des Lebens und in Zeiten der Trauer Menschen zu haben, die uns fragen und denen wir die Geschichten unserer Hüllen erzählen können.

Für die Begleitung könnten wir uns fragen:

- Wie können wir den Wunsch nach Verhüllung respektieren?
- Wie können wir realisieren und damit umgehen, dass uns als BegleiterInnen unterschiedliche Mäntel gezeigt werden?
- Wie können wir es aushalten, dass jemand sich verhüllt, weil er sich uns nicht zumuten will?

- Wie können wir dem »Geheimnis« des anderen respektvoll begegnen?
- Wie gehen MitarbeiterInnen damit um, wenn jemand sie mit einem Geheimnis an sich zu binden versucht?

Wir sind uns selbst verhüllt

Zu begreifen, wer wir wirklich sind, ist ein langer Prozess und oft erkennen wir mit zunehmendem Alter noch verborgene Seiten in uns. Für uns alle gibt es einen großen seelischen, unbewussten Teil, der schwer zugänglich ist. Wichtig ist, auch in der Begleitung mit ihm zu rechnen und behutsam mit ihm umzugehen. In Grenzsituationen drängt er sich möglicherweise mächtig an die Oberfläche.

Wir erleben die eigene Fremdheit im Dialog und in der Begegnung mit anderen, weil sie uns etwas spiegeln, das wir noch nicht bewusst wahrgenommen haben. Oft erschrecken wir über eigene Reaktionen. Es gehört zu unserem lebenslangen Ringen um Identität und Kongruenz, dass wir den roten Faden suchen. Vor allem in Krisenzeiten erleben wir uns als großes Geheimnis: »Ich verstehe mich selbst nicht mehr«, sagen Menschen, die in Trauer sind. Wenn die Fassade nicht mehr steht, zeigt sich eine innere Wirklichkeit, die verborgen war. Sich selbst besser zu erkennen, begreifen die Menschen seit der Antike als ihre Lebensaufgabe, festgehalten in der Inschrift am Apollotempel in Delphi: »Erkenne dich selbst!« Dass wir der eigenen Wahrheit auch gerne ausweichen, sie verhüllen, gehört zu unserem Menschsein. Wichtig ist wahrzunehmen, dass beides, verhüllen oder offenlegen, möglich und richtig sein kann.

Es braucht die Entscheidung, an welchen Werten wir uns orientieren wollen, ob wir daran innerlich arbeiten wollen und wie offen wir uns damit zeigen. »Werteorientierte Überlegungen und Einstellungen (Prioritätensetzungen eines Menschen z. B. bezüglich seiner Beziehungen zu sich selbst, zur Familie, zu Freunden ... und zum Leben als solches)«[97] sind ein wichtiger Teil unserer Spiritualität. Wir tragen in uns Verhülltes und müssen damit rechnen, dass es sich am Ende des

Lebens zeigen möchte. Wichtig sind gute WegbegleiterInnen, die den Schritt, sich selbst ehrlich anzuschauen, unterstützen und das Geheimnis, das verborgen bleiben will, auch stehen lassen können.

Für die Begleitung könnten wir uns fragen:

- Was hält den Menschen davon ab, sich zu zeigen? Gehört es zu ihr oder zu ihm oder ist es ein Unvermögen, das Unterstützung braucht?
- Welche Menschen machen es ihr oder ihm leichter, sich zu zeigen?
- Wie können wir beides, sich verhüllen oder sich zeigen, als gleichwertig nebeneinander stehen lassen?
- Wie können wir jemand begleiten, wenn sie oder er Hüllen ablegt und vielleicht über sich selbst erschrickt?
- Wie können wir dem Geheimnis in uns und im anderen respektvoll begegnen?
- Welche Rolle spielen in der Begleitung unsere eigenen Hüllen?

Gott ist uns verhüllt und offenbar

Mit der Frage, wie wir die Verhüllungen Gottes erleben und bewerten, kommen Menschen nie an ein Ende. Es macht die Dynamik ihrer Spiritualität aus, immer neu danach zu fragen und auch ihre Gottesbilder verändern zu lassen. »Spiritualität ist die dynamische Dimension des menschlichen Lebens, die sich auf die Art und Weise bezieht, in der Menschen … Transzendenz erfahren, ausdrücken und/oder suchen.«[98] Schwierig ist es, wenn Menschen an einem alten Gottesbild festhalten und sich ständig daran reiben, obwohl es ihnen gar nicht mehr entspricht.

Gottes Verborgenheit, seine Unbegreifbarkeit kann dazu führen, an seinem Dasein zu zweifeln. Viele suchen ihr Leben lang nach dem verborgenen Gott, der sich im Glück und im Leid verhüllen und zeigen kann. Manchmal sind Menschen müde, ihn zu suchen oder mit seiner Verborgenheit zu leben. Oder sie sind enttäuscht, weil er sich nicht so gezeigt hat, wie sie es ersehnt haben. So beschreiben es z. B. junge Mütter oder Väter, die mit ihren Kindern inständig darum gebetet haben, der Papa bzw. die Mama möge doch wieder gesund werden!

Im Spannungsfeld von Verhüllung und Offenbarung zeigt sich die Suche nach dem göttlichen Geheimnis, das sich auch im Verstehenwollen großer Zusammenhänge zeigt. Deshalb erforschen wir die Welt, suchen nach Gesetzen und nach einer Ordnung, die die Welt im Innersten zusammenhält! Und wir sind fasziniert von wissenschaftlichen Erkenntnissen, die unserem Geist nachvollziehbare Erklärungen geben. So hat uns der Fibonacci-Mantel, der im Hospiz im zweiten Stock bewusst auf einer anderen Ebene als die anderen Mäntel angesiedelt war, ein bewundernswertes Ordnungsprinzip der Natur gezeigt. Wir sind beeindruckt von der Schönheit und auch vom menschlichen Geist, der dieses in der Natur verbreitete mathematische Prinzip erkennen kann. Weil der Mantel vor der Kapelle stand, konnten Menschen das Staunen über diese Ordnung in die Kapelle mitnehmen. Denn Spiritualität sucht danach, sich auszudrücken. Dazu gehören »religiöse Überlegungen und Grundlagen (Glaube, Überzeugungen und Praxis/Praktiken oder Übungen, die Beziehung mit Gott oder dem Absoluten)«[99]. Dazu gehört Gebet und Gesang, dazu gehört eine Gemeinschaft, die vertraute Rituale begeht und miteinander das »Geheimnis des Glaubens« benennen kann. Das können Menschen in der Kapelle finden, die offen ist für alle, unabhängig von Glaube und Religion. Sie ist für die Hospizgäste und ihre Angehörigen ein Ort, um Gemeinschaft zu erfahren.

Die BesucherInnen konnten auch draußen bleiben, weil der Raum, den der Fibonacci-Mantel eröffnet hat, ihnen groß genug war. Sie konnten draußen bleiben und doch ganz nahe am Wunder des Mantels.

WeggefährtInnen des gemeinsamen Suchens sind wichtig, um von Gottesverhüllung, Gottverlassenheit, aber auch von Nähe und Halt sprechen zu können. Wir brauchen sie auch als GesprächspartnerInnen, weil wir intellektuell begreifen und Gott auch mit dem Verstand erkennen wollen.

Für die Begleitung könnten wir uns fragen:

– Aus welchem größeren Zusammenhang lebt der Mensch, der begleitet wird?

- Wie kann ich als BegleiterIn über meine Zugehörigkeit zu einer spirituellen Ausrichtung oder über die verborgene Wirklichkeit Gottes ins Gespräch kommen?
- Welche Bilder gibt es, die in der Begleitung Halt und Orientierung geben können?
- Wie kann Sterben und Tod als zur Lebensordnung des Menschen zugehörig thematisiert werden?
- Wie kann ich zu diesem Aspekt auch im gemeinsamen Schweigen mit dem Gegenüber in Kontakt bleiben?

Wir legen unsere sterbliche Hülle ab

Am Ende wird dem kranken Menschen die leibliche Hülle zur Last. Und damit auch alles, was er anhat. Viele wären dann am liebsten nackt. Dann bleibt die Frage, ob bei aller körperlichen und seelischen Not noch durchscheinen kann, was den Menschen ausgemacht hat. Und was notwendig ist, die sterbliche Hülle ohne großen Kampf ablegen zu dürfen bzw., was jetzt noch wohltuend, umhüllend und erleichternd ist.

Im Hospiz begegnet man Menschen, die nichts mehr verbergen, aber auch nichts mehr enthüllen müssen. Es ist wie ein inneres Strahlen oder wie ein Lichtkleid, das sie tragen, wie eine Glückshaut, die jetzt leicht geworden ist. Sie haben ihr Leben gelebt, es bejaht und sind durch jedes Kleid und jeden Mantel hindurch sichtbar geworden als zugewandte und mit sich selbst identische Menschen. Oder Menschen ringen bis zum letzten Atemzug mit Hüllen, aus denen sie sich nur schwer befreien können, und bleiben auch ihren Nächsten fremd.

Warum das so ist, bleibt ihr Geheimnis. Wir müssen es am Ende nicht mehr lüften, sondern können es wahrnehmen und begleiten. Und wir können der abgelegten Leibeshülle einen respektvollen Abschied geben. Vielleicht ist dann für einen Augenblick mit dem für den Verstorbenen passenden Kleidungsstück noch einmal präsent, was den Menschen ausgemacht hat.

Für die Begleitung könnten wir uns fragen:

- Wie können wir als BegleiterInnen damit umgehen, dass jemand am Ende keine Hülle mehr möchte, weil alles scheuert?
- Welche Mäntel des Glaubens, der Fürsorge, des Vertrauens können dem sterbenden Menschen angeboten oder umgelegt werden?
- Welche Gefühle und Gedanken bewegen uns, wenn der begleitete Mensch in seiner sterblichen Hülle immer weniger fassbar wird?
- Welche Hülle brauchen wir als HospizmitarbeiterInnen, um angesichts der abgelegten Lebensmäntel des Begleiteten selbst nicht zu dünnhäutig zu werden?

Wir können das Trauergewand ablegen

Alle Überlegungen zu Kleidern, Hüllen und Mänteln sind besonders zutreffend im Blick auf die Trauer. In vielen Kulturen wollen Menschen in ihrer Kleidung als Trauernde sichtbar werden, indem sie ihre alten Kleider zerreißen bzw. Trauergewänder anziehen. Auch wenn sich Konventionen verändern, bleibt die Frage nach den Kleidern wichtig. Sie ist Ausdruck dafür, wie sehr Menschen sich in der Trauer als nackt und schutzlos erfahren. Und wie sich auch in der Wahl ihrer Kleider Schritte in eine neue Identität ausdrücken.

Alles, was an Sehnsüchten, an Glück, an Leid, an Buntheit, an Ordnung gemeinsam gelebt wurde, muss in der Trauer neu gesucht werden, denn das Alte passt nicht mehr. Die Glückshaut ist zu schwer, der rote Faden ist nicht mehr auffindbar und die höhere Ordnung scheint verloren zu sein. Weil viele Trauernde durch den Verlust eines geliebten Menschen ihr ganzes Lebenskonzept verloren haben, sind sie auch in ihrer Spiritualität herausgefordert, alle »Fragen bezüglich Identität, Sinn, Leiden und Tod, Schuld und Scham, Versöhnung und Vergebung, Freiheit und Verantwortung, Hoffnung und Verzweiflung, Liebe und Freude«[100] neu zu stellen.

Die Spiritualität als »die Art und Weise, in der Menschen sich mit dem Augenblick, mit ihrem Selbst, mit Anderen, mit der Natur, mit dem (für sie) Bedeutungsvollen und/oder mit dem Heiligen in Beziehung setzen«[101], muss in der Trauer neu gefunden werden. Für viele ist dies ein langer Weg, der mehr Zeit benötigt als das klassische Trauerjahr und an vielen Kleiderläden vorbeiführt, bis das passende neue Gewand gefunden ist. Wie gut ist es, wenn jemand auf diesem Weg eines Tages sagen kann: »Da hast du mein Klagen in Tanzen verwandelt, hast mir das Trauergewand ausgezogen und mich mit Freude umgürtet« (Ps 30,12).

Dann muss es auch möglich sein zu sagen, dass das Leben mit dem Verstorbenen belastend war und dass man froh ist, das alte Leben wie einen viel zu schweren Mantel abgelegt zu haben. Trauer ist nicht nur das schmerzliche Vermissen eines verstorbenen Menschen, sondern auch das Erkennen, dass es für einen selbst eine Erleichterung ist, sich in neue Gewänder hüllen zu dürfen. Viele Trauernde erkennen, dass sich ihr Leben auf dem Trauerweg positiv verändert hat und wieder bunt geworden ist. Für manche muss für immer der Mantel des Verstorbenen an der Garderobe hängen bleiben. Und sie ziehen sich selbst trotzdem neue Gewänder an.

Für die Begleitung könnten wir uns fragen:

- Was brauchen Trauernde, damit sie sich offen, unverhüllt zeigen dürfen?
- Wie können wir Trauernde ermutigen, alte Hüllen abzulegen und das für sie passende Gewand umzulegen?
- Wie können Trauernde bestärkt werden, die Gewänder abzulehnen, die ihnen von außen übergeworfen werden?
- Wie können wir Trauernde im Umgang mit den Kleidern des oder der Verstorbenen unterstützen?
- Wie können wir einen Raum eröffnen, in dem auch die einengenden Hüllen in der Beziehung zum Verstorbenen zur Sprache kommen können?

Sterben und Leben in Hülle und Fülle

Hülle und Fülle, das ist unsere Grundüberzeugung, kann auch im Hospiz erfahren werden. Wir konnten es durch Hospizgeschichten bestätigen und haben es mit den Menschen, die sich auf die Mäntel eingelassen haben, erfahren können. Die Glückshaut bleibt als Bild der Sehnsucht nach etwas Unerreichbarem oder als Metapher für Glücksmomente des Lebens. Sie steht auch für die Last eines kostbaren Gutes, das vielleicht zu schwer für menschliche Schultern ist und die Gefahr in sich birgt, dem Materiellen zu viel Gewicht zu geben. Lebensfülle kann nichts anderes sein als das vielfältige individuelle Leben, das jede und jeder Einzelne führt. Dazu gehören das Scheuern und Reiben, die Buntheit und das Chaos, die Suche nach dem roten Faden und die Angst, ihn zu verlieren. Dazu gehört die Zerrissenheit des Herzensgut-Mantels und die Momente, in denen ein goldener Faden im Herzen verbindet, was getrennt war. Dazu gehört das Staunen über die Natur, über das Fibonacci-Prinzip und andere naturwissenschaftliche Ordnungsprinzipien, die der Verstand erkennen kann. Wir können uns in Ehrfurcht anrühren lassen oder uns am Glück des Verstehens erfreuen. Fülle ist, was das Leben in vielen Facetten ausmacht.

Am Ende bleibt die Hoffnung, das eigene Leben unter den großen Lebensmantel der Zustimmung nehmen zu können. Und zu vertrauen, dass Menschen da sein werden, die liebevoll, diskret und mit Respekt vor dem Kleiderschrank unserer Lebensmäntel stehen. Und dass sie uns die Hülle umlegen, die wir brauchen – oder unsere Nacktheit mit aushalten und respektvoll damit umgehen werden. Und dass sie an unserer Seite bleiben, in Augenblicken, in denen alles mühselig ist.

»Spiritualität ist die dynamische Dimension des menschlichen Lebens, die sich auf die Art und Weise bezieht, in der Menschen, als Einzelne und in Gemeinschaft, Sinn, Ziel und Transzendenz erfahren, ausdrücken und/oder suchen. Sie ist auch die Art und Weise, in der Menschen sich mit dem Augenblick, mit ihrem Selbst, mit Anderen, mit der Natur, mit dem für sie Bedeutungsvollen und/oder mit dem Heiligen in Beziehung setzen.«[102]

Weil wir in diese Dynamik des menschlichen Lebens immer wieder hineingezogen werden, können wir auch damit rechnen, dass Fülle sich unerwartet zeigt und dass uns eine schützende Hülle umgelegt wird, wenn wir selbst es nicht mehr vermögen.

Für die Begleitung könnten wir uns fragen:

- Was ist notwendig, damit jemand trotz Verluste die Fülle seines persönlichen Lebens noch wahrnehmen kann?
- Was können wir dazu beitragen, dass Momente von Glück oder Ahnungen von Fülle im Heute möglich werden?
- Wie können wir in der Begleitung Erlebnisse und Geschichten von Hülle und Fülle wecken?
- Mit welchen eigenen Erfahrungen von Hülle und Fülle kommen wir in der Begleitung in Resonanz?
- Wie kann in der Begleitung sterbender und trauernder Menschen die Wahrnehmung für die Fülle des Lebens gestärkt werden?

Epilog: Wir müssen reden!

Schirmherrschaften bedeuten in der Praxis ganz Unterschiedliches. Ich will die Arbeit im Hospiz St. Martin in Stuttgart aktiv begleiten und in die Stadtgesellschaft hinein ins Gespräch bringen. In den vergangenen Jahren habe ich selbst viel dazugelernt über das Leben und den Tod.

Der Tod ist eine elementare Tatsache des Lebens und hat die Menschen zu jeder Zeit beschäftigt. Philosophie, Medizin, Religionswissenschaft, Soziologie, Geschichte, Literatur und Kunst haben immer wieder deutlich gemacht, warum Tod und Sterben uns etwas über den Sinn des Lebens sagen können. Das Ende des Lebens wirft ein Licht auf die Bedeutung des Lebens.

Für religiöse Menschen ist das Sterben in einen anderen Kontext eingebettet als für nicht gläubige Menschen. Gläubige sehen im Sterben den Übergang in ein anderes, ein ewiges Leben. Dennoch können sie Angst vor dem Sterben haben. Aber sie können Trost und Halt finden im Glauben und in der Zuversicht auf ein Weiterleben nach dem Tod.

Für Menschen, die nicht gläubig sind, ist der Tod das Ende des Lebens, vielleicht ein erlösendes Nirwana, die Grenze des Selbst, ein Faktum.

Niemand weiß einen allgemein gültigen Lebensrat, der hilft, den Sinn in Leben und Tod zu erfassen. Aber sowohl für religiöse Menschen als auch für die, die nicht an einen Gott glauben, kann ein Trost darin liegen, auf ein erfülltes, möglichst selbstbestimmtes Leben zurückzublicken. Die Positions- und Statusgewinne im hastigen Wettlauf der Leistungsgesellschaft sind meist nicht das, was man schließlich als Erfüllung empfindet. Sie liegt eher in bewusst gestalteter Lebenszeit, im immer wieder neu gefassten lebensbejahenden Entschluss, die individuellen Lebensmöglichkeiten auszuschöpfen und das Leben als einmalige Gelegenheit zu verstehen.

Schon seit der Antike begleitet uns die philosophische Einsicht, dass der Tod weniger verzweifelt macht, wenn wir gut und richtig gelebt haben. Es bleibt ein lebenslanges Ringen und Abwägen, was das gute und richtige Leben ist und worin wir dann am Ende den Sinn erkennen.

Bemerkenswert ist, dass alle Denkansätze zum Lebenssinn stets mehr oder weniger deutlich auf die Vergänglichkeit bezogen bleiben und sei es nur in der Weigerung, sich überhaupt solchen Fragen zu stellen.

Die Mahnung, niemals zu vergessen, dass unsere Lebenszeit begrenzt ist, hat im Motiv des »Memento mori« eine jahrhundertealte Tradition. »Sei dir deiner Sterblichkeit bewusst!« war jedoch nicht als eine finstere und todessehnsüchtige Daseinsbetrachtung gedacht, sondern als Aufforderung, sich gedanklich und emotional der Endlichkeit zu stellen, sie ertragen zu lernen. Dem liegt die Auffassung zugrunde, dass der Tod noch schrecklicher und angsteinflößender sein kann, wenn wir nicht wahrhaben wollen, dass er unabwendbar ist.

Die Lebenszeit Tag für Tag sinnvoll zu nutzen und zu genießen kommt auch zum Ausdruck in dem Appell »Carpe diem – Pflücke den Tag!«. Er stammt ursprünglich aus einem Gedicht von Horaz und ist ebenso vielfältig in der Kulturgeschichte zitiert und aufgegriffen worden wie die Erinnerung an den Tod. Der Appell ist eher an die Lebensfreude gerichtet. Nicht zufällig erinnert er an das Pflücken von ästhetisch und sinnlich ansprechenden vergänglichen Blüten.

Die Medienwelt hat das Wechselspiel aus Todeserinnerung und bewusster Lebenswahrnehmung bereits als Konsumartikel erkannt.

Seit Kurzem kann man sich eine App mit dem Namen »WeCroak« auf das Mobiltelefon laden. Das englische Wort »to croak« ist ein umgangssprachliches, eher ein wenig despektierliches Wort für sterben, ungefähr so wie »den Löffel abgeben«. Diese App sendet fünf Mal am Tag die Botschaft »Vergiss nicht, dass du sterben musst«, zusammen mit einem Zitat eines Dichters oder Philosophen. Die Nachricht kommt nicht immer zur gleichen Uhrzeit, sondern ganz zufällig, so wie der Tod selbst. Angeblich geht diese Idee auf einen buddhistischen Brauch im Himalayastaat Bhutan zurück. Dort nehme man sich die Zeit, täglich mehrmals intensiv über die eigene Vergänglichkeit nachzudenken, indem man einen Moment innehält und sich auf die Gegenwärtigkeit des Lebens konzentriert. Man verstehe diesen Brauch als Quelle des Glücks. NutzerInnen dieser App in der westlichen Welt berichten euphorisch, wie sie auf diese Erinnerung an den Tod reagieren. Sie feiern ausgelassen, sie können die Bedrohlichkeit von Ängsten relativieren, wie z. B. die Angst davor, einen Vortrag vor einem größeren Auditorium zu halten; sie nutzen ihre Freizeit intensiver, mit mehr Begegnungen im direkten Kontakt statt in den sozialen Netzwerken und mit genauerem Blick auf das Wetter, auf die Schönheiten der Natur, auf Kleinigkeiten des Alltagslebens.

Der Vorteil einer solchen App ist, dass man sie auch wieder löschen kann und damit ist sie voraussichtlich ein so schnelllebiges und vergängliches Produkt wie viele andere auch. Niemand wird es lange ertragen, fünf Mal täglich an den Tod erinnert zu werden. Dennoch steckt eine richtige Spur in dieser Idee: inmitten des Lebens besser zu verstehen, dass der Tod zu den Bedingungen des Lebens gehört.

Sterbende und Trauernde bringen oft den Wunsch zum Ausdruck, sich in einem großen Ganzen aufgehoben zu fühlen. Die moderne Gesellschaft hat zwar keine absolut verbindlichen Sinnzusammenhänge mehr. Dennoch gibt es gesellschaftliche Gemeinsamkeiten. Anthropologisch gesehen, also aus der Sicht der wissenschaftlichen Menschenkunde, stehen wir Menschen auf einem sicheren Felsgrund. Er besteht darin, dass wir als Mitglieder einer Gesellschaft kooperative Ziele verfolgen. Selbstverständlich kann jeder und jede von uns spontan Begebenheiten nennen, die auf den ersten Blick genau das Gegenteil belegen. Beispiele für egoistisches oder aggressives Handeln gibt es viele. Dennoch können wir auf eine Absicht zur Kooperation setzen. Sie ist die Grundlage für gesellschaftliches Leben, für soziale Beziehungen und für Verständigung untereinander. Selbst ein Streit ist eine Form der Kooperation im Sinne der Auseinandersetzung mit dem Streitpartner. Wir können uns verständigen, weil wir Erfahrungen und Wissen über die Welt und über die Menschen teilen – zumindest in unserem Kulturkreis, durch das weltweite Netz in manchen Wissensaspekten auch darüber hinaus. Und wir können gemeinsam ethische Maßstäbe dafür bestimmen, wie wir leben und sterben wollen.

Auf die Frage, welchen Tod man wählen würde, wenn man eine Wahl hätte, kommt oft eine indirekte, aber vielsagende Antwort: »In meiner Sterbeanzeige soll stehen ›... plötzlich und unerwartet ...‹.«

Der lange Vorgang des Sterbens macht Angst. Es sind so viele Vorstellungen von Schmerz, Verzweiflung, Ohnmacht damit verbunden. Früher war er in die Hände der Seelsorge gelegt und war ein öffentliches Ereignis, das meistens recht selbstverständlich in der Familie und in der Dorfgemeinschaft oder im Stadtteil miterlebt wurde. Der Tod war ein vertrauter Begleiter, ein Bestandteil des alltäglichen öffentlichen Lebens. Er wurde akzeptiert und damit war sein Schrecken ein wenig »gezähmt«.

Rituale, wie z. B. die Einkleidung des Toten und dessen Aufbahrung zum Abschiednehmen der Familie und der Bekannten, schützten die Sterbenden wie die Trauernden vor der absoluten Verzweiflung und Hilflosigkeit, weil man in der Sterbesituation auf die traditionellen Formen des Handelns zurückgreifen konnte.

Seit dem 19. Jahrhundert ist der Vorgang des Sterbens in die Kliniken und später in die Hospize verlegt worden. Heute erwarten wir dort die palliative medizinische Versorgung, die Gastfreundschaft und die Zuwendung, die wir am Lebensende brauchen.

Diejenigen, die darüber nachdenken, wie sie sterben wollen, äußern Wünsche wie: Ich möchte selbstbestimmt sterben, in Würde, und ich will nicht alleine sein. Das klingt, als nenne man verlängerte Wünsche an ein gutes Leben: die Wünsche nach Liebe, Anerkennung und Achtung vor der Individualität mit allen ihren Stärken und Schwächen und auch ihren seltsamen Seiten. Die Würde steht immer im Mittelpunkt: der Wert- und Achtungsanspruch eines jeden Menschen, der nicht verletzt werden darf.

Hospize sind Schutzräume für ein würdiges Lebensende. Sie nehmen Menschen mit allen Religionen und aus allen Ethnien auf. Dort herrscht die professionelle Praxis unideologischer Hilfe und menschlicher Nähe am Ende des Lebens und in der Trauer. Im Hospiz werden die konkreten Antworten gefunden auf den individuellen und gesellschaftlichen Wunsch nach humanem Sterben.

Deshalb ist es wichtig, die Aufmerksamkeit möglichst weiter Teile der Gesellschaft auf die Arbeit in den Hospizen und in der ambulanten Sterbe- und Trauerbegleitung zu lenken. Ich unterstütze das Hospiz St. Martin, wenn die Türen des Hauses geöffnet und die Kernaufgaben der Sterbe- und Trauerbegleitung ergänzt werden. Das Hospiz ist schon seit Jahren zum einladenden Ort für kulturelle Veranstaltungen und Begegnungen geworden. Konzerte, Führungen, Lesungen und Ausstellungen im Hospiz richten sich an Schülerinnen und Schüler, an den Freundeskreis und darüber hinaus an alle Interessierten, ganz gleich, ob sie sich mitten in einem effizient geplanten Leben fühlen oder eher an dessen Rand.

Kulturelle Angebote sind grundsätzlich sinnstiftend. Im Rahmen des Hospizes sind sie in besonderer Weise Anstoß zum Nachdenken und zu Gesprächen über das Leben in allen seinen Facetten. Im besten Falle geht von den Veranstaltungen ein Impuls aus, ohne Generalisierungen und ohne Verharmlosungen ein ganz individuelles, realistisches Verständnis vom Lebenssinn und vom eigenen Lebensende zu entwickeln. Das ist ein Erkenntnisgewinn, der entlastet und befreit.

Und nicht zuletzt verstehe ich die Öffnung des Hospizes in die Stadtgesellschaft hinein als einen Impuls, immer wieder gemeinsam abzuwägen und zu beurteilen, wie wir uns humanes Sterben vorstellen und wie wir die Maßstäbe dafür gesellschaftlich weiterentwickeln wollen. Ich will Botschafterin dafür sein, Sterben, Tod und Trauer wieder zu einem angemessen besprochenen, öffentlichen Thema zu erheben. Gegen viele Vorurteile und Tabus möchte ich dazu beitragen, das Bild des Hospizes in der Öffentlichkeit zu klären: die Arbeit im Hospiz ist dem Leben zugewandt.

Waltraud Ulshöfer
Schirmherrin des Hospiz St. Martin

Michael Tomasello, Die Ursprünge der menschlichen Kommunikation, Frankfurt 2009.
Philippe Ariés, Geschichte des Todes, München, Wien 1980.

Dank an WeggefährtInnen

»Hülle und Fülle« an Beziehung und Unterstützung haben wir erfahren, als wir das Mantelprojekt planten und durchführten. Unser besonderer Dank gilt zunächst der Künstlerin, Astrid J. Eichin, die uns nicht nur ihre Kunstobjekte zur Verfügung gestellt hat, sondern uns eine große Idee geschenkt hat. Wir danken Carmen Gremmelspacher, Annegret Wochele, Elena Gippert-Raff und Waltraud Ulshöfer, die das ganze Projekt als »Mantelteam« mit uns konzipiert und intensiv begleitet haben.

»Hülle und Fülle« an Beziehung und Unterstützung haben wir auch erfahren in der Zeit des Schreibens. Wir danken der Schirmherrin des Jubiläumsjahres, Waltraud Ulshöfer, und allen, die uns im Lesen, im Austausch von Ideen und in vielen Gesprächen begleitet und unterstützt haben: Dr. Gotthard Fuchs, Dr. Margit Gratz, Prof. Andreas Heller, Inger Hermann, Sabine Novak, Prof. Dr. Annette Riedel und Pfarrer Anton Seeberger.

Dankbar sind wir, dass wir nicht nur seit vielen Jahren mit dem Gezeitenmodell® von Dr. Ruthmarijke Smeding arbeiten dürfen, sondern dass wir im Austausch und im freundschaftlichen Kontakt immer neu von ihr inspiriert werden.

Wir danken den TrauerbegleiterInnen. Sie haben in den Trauergruppen eine persönliche Auseinandersetzung mit den Mänteln angeregt. Und wir danken den trauernden Kindern, Jugendlichen und Erwachsenen, die sich in den Gruppen und als Einzelne mit ihren persönlichen Trauergeschichten eingelassen haben.

Anmerkungen

1 Gerhardt, Zweierlei bitt ich. Aus den Sprüchen Salomonis 30,7–9, aus: ders.: Dichtungen und Schriften, München 1957, 157–159.
2 Saunders, Hören Sie auf Ihre Patienten.
3 Müller-Busch, Zum Wortgebrauch des Begriffs »palliativ« in der Geschichte, 72.
4 Ebd., 70.
5 Ebd., 73f.
6 So in der WHO-Definition von Palliative Care von 2002, https://bit.ly/1Rrcz1Z (Zugriff am: 8.6. 2018).
7 Vgl. dazu Burghardt, Lebensqualität bei Palliativpatienten, 8 f.
8 Vgl. Wasner, Interprofessionelle Teamarbeit, 161 ff.
9 Eine rein kurativ ausgerichtete Medizin bezeichnete Menschen, die nicht mehr zu heilen waren, als »austherapiert« – ein Wort, das wie ein Todesurteil klang.
10 Vgl. dazu Heller, Wie Religionen mit dem Tod umgehen, 12.
11 Heller/Schluchter, Sorgekunst, 77.
12 https://www.charta-zur-betreuung-sterbender.de/files/bilder/charta-leitsaetze_flyer.pdf
13 Leitlinienprogramm Onkologie, 6.
14 Zum Wortlaut des Gesetzes: https://bit.ly/2JrDJqq
15 Siehe Anm. 6.
16 Heller/Heller, Spiritualität und Spiritual Care (2009), 9.
17 Gratz/Roser, Curriculum Spiritualität für ehrenamtliche Hospizbegleitung, 82.
18 Amerikanische Siedlerinnen, die aus dieser jahrtausendealten Technik eine gepflegte handwerkliche Kunstform machten, nutzten die Verarbeitung von Stoffstücken, um Neuigkeiten und Geschichten auszutauschen.
19 Patchwork, ein aus »Flicken zusammengesetztes Stück«,

beschreibt hier ohne jede Wertung – die z.B. in Wörtern wie »Flickschusterei« steckt – die Vielfalt heutiger spiritueller Suchbewegungen. Diese soll wahrgenommen und auf mögliche Handlungsoptionen hin angeschaut werden.

20 »Viele glauben an Gott. Wissenschaftler haben Schüler zu ihrem Glauben befragt.« In: Stuttgarter Zeitung, 13. 4. 2018, 5.

21 Vgl. z.B. das Curriculum Spiritualität (siehe Anm. 17).

22 Heller/Heller, Spiritualität und Spiritual Care (2014), 38; Hofstätter, Kann man Spiritualität lernen?, 57.

23 Metz, Von der Spiritualität der Helfenden, 16.

24 Nauer, Spiritual Care statt Seelsorge?, 47.

25 SPIR ist ein halbstrukturiertes klinisches Interview zur Erhebung einer »spirituellen Anamnese« (vgl. Weiher, Das Geheimnis des Lebens berühren, 91). Die vier Buchstaben stehen für: *S*pirituelle und Glaubens-Überzeugungen; *P*latz und Einfluss, den diese Überzeugungen im Leben des Patienten einnehmen; *I*ntegration in eine spirituelle, religiöse, kirchliche Gemeinschaft/ Gruppe; *R*olle des Arztes: Wie soll der Arzt mit spirituellen Erwartungen und Problemen des Patienten umgehen?

26 Maio, Zur Hilflosigkeit der modernen Medizin im Hinblick auf die Frage nach dem Sinn, 6.

27 Karle, Chancen und Risiken differenter Systemlogiken im Krankenhaus, 60.

28 Nauer, Spiritual Care statt Seelsorge?, 95.

29 Weiher, Das Geheimnis des Lebens berühren, 15.

30 Ebd., 29.

31 Übersetzt von Carlo Leget und Joep van de Geer, u.a. im Rahmen des zwölftägigen Weiterbildungskurses »Auf der Spur der Spiritualität – Klinikseelsorge weiterdenken«, August 2012 bis Juni 2013 unter der Leitung von Dr. Erhard Weiher und Dr. Ruthmarijke Smeding.

32 Andere Religionen. Beeindruckende Erfahrungen, in: Hospizzeitung der kath. Hospizstiftung Stuttgart, Ausgabe 2/2013, 3.

33 Strauß, Herkunft, 9.

34 Gogol, Der Mantel, 106.

35 Ebd., 137.
36 Exner, Ein Sprung im Schweigen, 130.
37 Becker, »Das juckt mich doch ...«, 17.
38 Vgl. Duerr, Der Mythos vom Zivilisationsprozess.
39 David Servan-Schreiber, Man sagt sich mehr als einmal Lebewohl, zit. nach: Heller/Schuchter, Sorgekunst, 78.
40 Vgl. Köhlmoos, Trauer.
41 Agamben, Nacktheiten, 120.
42 Vgl. die kirchenkritische Kunstaktion »Heiliges Höschen, erhöre uns« von 2012. Anlässlich der Heilig-Rock-Wallfahrt in Trier haben Künstler als »provozierendes Gegenstück« zur Tuchreliquie Christi eine orangebraune Unterhose ausgestellt, angeblich das Beinkleid des Philosophen Karl Marx. Diese Aktion stand auch im Kontext der seit 2012 immer mehr öffentlich gewordenen Missbrauchsfälle in kirchlichen und nichtkirchlichen Institutionen.
43 So ein Buchtitel von Dorothee Sölle (Stuttgart 1988).
44 Ein bedeutsamer theologischer Gedanke, weil Gott in Jesus von Nazareth Mensch wird und sich freiwillig der menschlichen Verwundbarkeit aussetzt.
45 Vgl. Keul, Inkarnation – Gottes Wagnis der Verwundbarkeit.
46 Amyotrophe Lateralsklerose, eine Erkrankung des zentralen und peripheren Nervensystems.
47 Vgl. Köhlmoos, Trauer.
48 Sie galt in Mitteleuropa und Nordamerika spätestens ab dem 19. Jahrhundert.
49 In anderen Kulturen sind es andere Farben. So wird z. B. in buddhistisch geprägten Ländern Weiß als Trauerfarbe getragen.
50 Vgl. Röhrich, Lexikon der sprichwörtlichen Redensarten, Art. Mantel, 999.
51 Vgl. Zoepfl, Art. Schutzmantelbild, in: LThK Bd. 9, 530.
52 Weitere Strophen im Gotteslob, Nr. 535.
53 Dieses und alle weiteren Zitate von Astrid J. Eichin wurden der Homepage der Künstlerin entnommen: www.astrid-j-eichin.de
54 Singer, Alles ist Leben, 29.

55 Ebd., 39.
56 Lewis, Über die Trauer, 31.
57 Domin, Gesammelte Gedichte, 117.
58 Sintflut: Genesis 7; Daniel in der Löwengrube: Daniel 6; Jüngling im Feuerofen: Daniel 3.
59 Goethe, Faust. Der Tragödie zweiter Teil, Verse 11581–11586.
60 Singer, Alles ist Leben, 14.
61 Riedel, Farben, 90.
62 Haratischwili, Das achte Leben, 30.
63 Goethe, Wahlverwandtschaften, Teil 2, Kap. 2 und 4.
64 Vgl. May, Die Fibonacci-Zahlen.
65 Vgl. Walker, Der Fibonacci-Code.
66 https://de.wikipedia.org/wiki/Fibonacci-Folge#Fibonacci-Folgen_in_der_Natur (Zugriff am: 8.6.2018)
67 Jung, Der Mensch und seine Symbole.
68 Heiden, WahrNehmen und Verwandeln.
69 Saint-Exupéry, Der kleine Prinz, 72.
70 Zum Gezeitenmodell: Smeding/Heitkönig, Trauer erschließen.
71 Ausführliche Darstellung der vier Gezeiten in: Daiker, Eines Tages ein Regenbogen.
72 Daiker, Eines Tages ein Regenbogen, 125.
73 Mankell, Das Geheimnis des Feuers, 133.
74 Jüngel, Gott als Geheimnis der Welt, 341.
75 Ebd.
76 »Wie, wenn das Geheimnis gar nicht als das bloß Vorläufige, sondern als das Ursprüngliche und Bleibende verstanden werden muss …? Wie, wenn es ein ›Nichtwissen‹ gibt, ein um sich selbst und um das Nichtgewusste wissendes Nichtwissen, das gegenüber dem Wissen … gar nicht die bloße Negativität ist, gar nicht einfach eine leere Abwesenheit bedeutet, sondern als positive Auszeichnung eines Verhältnisses zu einem anderen sich gibt?« So Karl Rahner, zit. nach Hilberath, Gottgeheimnis Mensch, 18.
77 Fuchs, Vom Göttlichen berührt, 16.
78 Ebd., 15.
79 Rahner, Die menschliche Sinnfrage, 118.

80 So Eberhard Jüngel 2014 in einem Interview, https://www.jesus.de/eberhard-juengel-liebe-ist-noch-steigerungsfaehig/ (Zugriff am: 8.6. 2018)
81 Hilberath, Gottgeheimnis Mensch, 17.
82 Frisch, Tagebuch, 26.
83 Zeyn, Niemand hat nichts zu verbergen.
84 Ebd.
85 Weiher, Das Geheimnis des Lebens berühren, 49.
86 Soumm, Rainer Maria Rilkes »Das Stunden-Buch«.
87 Vgl. Daiker/Seeberger, Wortbrüche.
88 »Weiterlebenstrauer« meint die letzten drei Gezeiten des Smeding-Modells »Trauer erschließen«®. Sie gehören zum weiteren Leben des Trauernden und verändern sich, können jedoch lange dauern. Vgl. Smeding, Das Triptychon der Trauer.
89 Siehe S. 19.
90 Siehe die deutsche Übersetzung der Definition auf S. 24 im einleitenden Kapitel dieses Buches.
91 Karlfried Graf Dürckheim unterscheidet zwischen dem »Körper, den man hat«, und dem »Leib, der man ist«. Zum Verständnis von Leib schreibt er: »Es meint den Menschen, den ganzen Menschen als Person in der Weise, in der er sich nicht nur erlebt, sondern darlebt, das heißt dar-leibt.« Dürckheim, Vom doppelten Ursprung des Menschen, 171.
92 EAPC-Definition von Spiritualität, siehe S. 24.
93 Brecht, Geschichten vom Herrn Keuner, 26.
94 EAPC-Definition von Spiritualität, siehe S. 24.
95 Ebd.
96 Vgl. den Unterschied von Rätsel und Geheimnis im Abschnitt »Verhüllung und Geheimnis« (siehe S. 113).
97 EAPC-Definition von Spiritualität, siehe S. 24.
98 Ebd.
99 Ebd.
100 Ebd.
101 Ebd.
102 Ebd.

Literatur

Agamben, Giorgio, Nacktheiten, Frankfurt 2010.

Becker, Dorothée, »Das juckt mich doch …« Die Haut spricht viele Sprachen, in: Birgit Heller/Andreas Heller (Hg.), Spiritualität und Spiritual Care. Jahresheft 1 der Zeitschrift Praxis Palliative Care, Hannover 2009, 14–17.

Brecht, Bertolt, Geschichten vom Herrn Keuner, Berlin [21]2016.

Burghardt, Anna-Rebekka, Lebensqualität bei Palliativpatienten: Vergleich von Singel-Items mit Fragebögen. Inaugural-Dissertation an der Rheinischen Friedrich-Wilhelms-Universität Bonn, 2016. http://hss.ulb.uni-bonn.de/2016/4237/4237.pdf (Zugriff am: 8.6.2018)

Daiker, Angelika (Hg.), Eines Tages ein Regenbogen. Ein Begleiter in Zeiten der Trauer, Ostfildern 2012.

Daiker, Angelika/Seeberger, Anton, Wortbrüche. Klagegebete für Trauernde, Ostfildern 2011.

Domin, Hilde, Gesammelte Gedichte, Frankfurt [9]2003.

Duerr, Hans Peter, Der Mythos vom Zivilisationsprozess, Bd. I: Nacktheit und Scham, Frankfurt 1988.

Dürckheim, Karlfried Graf, Vom doppelten Ursprung des Menschen, Freiburg [3]1973.

Exner, Richard, Ein Sprung im Schweigen. Gedichte und Zyklen, Stuttgart 1992.

Frisch, Max, Tagebuch 1946–1949, München/Zürich 1965.

Fuchs, Gotthard, Vom Göttlichen berührt. Mystik des Alltags, Freiburg 2017.

Gerhardt, Paul, Dichtungen und Schriften, München 1957.

Goethe, Johann Wolfgang von, Die Wahlverwandtschaften, in: Hamburger Ausgabe in 14 Bänden, Band 6, München [11]1982.

Goethe, Johann Wolfgang von, Faust. Der Tragödie zweiter Teil, in: Hamburger Ausgabe in 14 Bänden, Band 3, München [12]1982.
Gogol, Nikolaj, Die Nase. Der Mantel, hrsg. von Karl-Maria Guth, Berlin 2016.
Gratz, Margit/Roser, Traugott, Curriculum Spiritualität für ehrenamtliche Hospizbegleitung, Göttingen 2016.
Haratischwili, Nino, Das achte Leben (Für Brilka), Frankfurt 2014.
Heiden, Arunga, WahrNehmen und Verwandeln. Kraftlieder – Tänze – Texte, Mössingen 2007, www.arunga-heiden.de.
Heller, Andreas/Schuchter, Patrick, Sorgekunst. Mutbüchlein für das Lebensende, Esslingen 2017.
Heller, Birgit, Wie Religionen mit dem Tod umgehen. Grundlagen für die interkulturelle Sterbebegleitung, Freiburg 2012.
Heller, Birgit/Heller, Andreas, Spiritualität und Spiritual Care, in: Dies. (Hg.): Spiritualität und Spiritual Care. Jahresheft 1 der Zeitschrift Praxis Palliative Care, Hannover 2009, 8–11.
Heller, Birgit/Heller, Andreas, Spiritualität und Spiritual Care, München 2014.
Hilberath, Bernd Jochen, Gottgeheimnis Mensch. Gottes- und Menschenbild in der Theologie Karl Rahners, München/Freiburg i. Br. 2010.
Hofstätter, Elisabeth, Kann man Spiritualität lernen?, in: Birgit Heller/Andreas Heller (Hg.), Spiritualität und Spiritual Care. Jahresheft 1 der Zeitschrift Praxis Palliative Care, Hannover 2009, 56–57.
Jung, C.G., Der Mensch und seine Symbole, Solothurn und Düsseldorf [13]1993.
Jüngel, Eberhard, Gott als Geheimnis der Welt. Zur Begründung der Theologie des Gekreuzigten im Streit zwischen Theismus und Atheismus, Tübingen [8]2010.
Karle, Isolde, Chancen und Risiken differenter Systemlogiken im Krankenhaus: Perspektiven einer Kooperation von Seelsorge und Spiritual Care, in: Spiritual Care 7/1, 2018, 57–67.
Keul, Hildegard, Inkarnation – Gottes Wagnis der Verwundbarkeit, in: Theologische Quartalschrift 192 (2012), 216–232.

Köhlmoos, Melanie, Trauer, www.bibelwissenschaft.de/stichwort/36154 (Zugriff am: 8.6.2018)

Leitlinienprogramm Onkologie (Deutsche Krebsgesellschaft, Deutsche Krebshilfe, AWMF), Palliativmedizin für Patienten mit einer nicht heilbaren Krebserkrankung, Langversion 1.1, 2015, AWMF-Registernummer: 128/001OL, http://leitlinienprogramm-onkologie.de/Palliativmedizin.80.0.html (Zugriff am: 8.6.2018)

Lewis, Clive S., Über die Trauer, Zürich [2]1999.

Maio, Giovanni, Zur Hilflosigkeit der modernen Medizin im Hinblick auf die Frage nach dem Sinn, in: Ethika 18, 1 (2010), 3–9.

Mankell, Henning, Das Geheimnis des Feuers, Hamburg 1997.

May, Henrik, Die Fibonacci-Zahlen, Über die Fibonaccifolge, den goldenen Schnitt und deren Auftreten in Natur und Wirtschaft, https://www.grin.com/document/212784 (Zugriff am: 8.6.2018)

Metz, Christian, Von der Spiritualität der Helfenden, in: Birgit Heller/Andreas Heller (Hg.), Spiritualität und Spiritual Care. Jahresheft 1 der Zeitschrift Praxis Palliative Care, Hannover 2009, 17–18.

Müller-Busch, Hans Christoph, Zum Wortgebrauch des Begriffs »palliativ« in der Geschichte. In: Leidfaden. Fachmagazin für Krisen, Leid und Trauer, Heft 3/2013, 70–75.

Nauer, Doris, Spiritual Care statt Seelsorge?, Stuttgart 2015.

Rahner, Karl, Die menschliche Sinnfrage vor dem absoluten Geheimnis Gottes, in: Ders., Schriften zur Theologie, Bd. XIII. Gott und Offenbarung. Bearbeitet von Paul Imhof, Zürich 1978, 111–129.

Riedel, Ingrid, Farben. In Religion, Gesellschaft, Kunst und Psychotherapie, Stuttgart [9]1990.

Röhrich, Lutz, Lexikon der sprichwörtlichen Redensarten, Bd. 3, Freiburg [4]1994.

Saint-Exupéry, Antoine de, Der kleine Prinz, Düsseldorf 1956.

Saunders, Cicely: Hören Sie auf Ihre Patienten – Sie sagen Ihnen, was sie brauchen, http://www.elysium.digital/schwerpunkt/2016-oktober-pioniere-der-hospizbewegung/cicely-saunders-hoeren-sie-auf-ihre-patienten-sie-werden-ihnen-sagen-was-sie-brauchen/ (Zugriff am: 8.6.2018)

Singer, Christiane, Alles ist Leben: Letzte Fragmente einer langen Reise, München 2007.

Smeding, Ruthmarijke, Das Triptychon der Trauer. In: Die Hospiz-Zeitschrift, Ausgabe 52, 2012/2, 6–11.

Smeding, Ruthmarijke/Heitkönig-Wilp, Margarete, Trauer erschließen. Eine Tafel der Gezeiten, Wuppertal 2005.

Soumm, Alla, Rainer Maria Rilkes »Das Stunden-Buch«. Eine dichterische Umdeutung des biblischen Gotteskonzepts, https://literaturkritik.de/id/21430 (Zugriff am: 8.6.2018)

Strauß, Botho, Herkunft, München 2016.

Walker, Andreas, Der Fibonacci-Code, http://www.natuerlich-online.ch/magazin/artikel/der-fibonacci-code/ (Zugriff am: 8.6.2018)

Wasner, Maria, Interprofessionelle Teamarbeit, in: Maria Wasner/Sabine Pankofer (Hg.), Soziale Arbeit in Palliative Care. Ein Handbuch für Studium und Praxis, Stuttgart 2014, 161–165.

Weiher, Erhard, Das Geheimnis des Lebens berühren. Spiritualität bei Krankheit, Sterben, Tod. Eine Grammatik für Helfende, Stuttgart ³2011.

WHO-Definition von Palliative Care 2002, https://www.dgpalliativmedizin.de/images/stories/WHO_Definition_2002_Palliative_Care_englisch-deutsch (Zugriff am: 8.6.2018)

Zeyn, Martin, Ein Essay über Geheimnisse. Niemand hat nichts zu verbergen. http://www.deutschlandfunk.de/ein-essay-ueber-geheimnisse-niemand-hat-nichts-zu-verbergen.1184.de.html?dram:article_id=395252 (Zugriff am: 8.6.2018)

Zoepfl, Friedrich, Schutzmantelbild, in: LThK, Bd. 9, Freiburg 1964, 525–527.

Die Bibeltexte sind, sofern nichts anderes angegeben, folgender Ausgabe entnommen: Die Bibel. Einheitsübersetzung der Heiligen Schrift. Gesamtausgabe, Stuttgart 2017.

Die Autorinnen

FOTO: © A.T. SCHÄFER

Dr. Angelika Daiker ist Theologin, zertifizierte Trauerbegleiterin und Tanzdozentin für Meditation des Tanzes. Sie leitete von seiner Gründung an bis 2017 das Hospiz St. Martin in Stuttgart. Als Autorin hat sie erfolgreiche Bücher zum Thema Tod und Trauer veröffentlicht.

FOTO: © STEFAN BUKOVSEK – STUTTGART

Barbara Hummler-Antoni ist Kunsttherapeutin und zertifizierte Trauerbegleiterin im Hospiz St. Martin. Darüber hinaus lehrt sie als Dozentin in Krankenpflegeschulen und Palliative-Care-Ausbildungen Kunsttherapie in der Palliativmedizin und Hospizarbeit.

VERLAGSGRUPPE PATMOS

PATMOS
ESCHBACH
GRÜNEWALD
THORBECKE
SCHWABEN

Die Verlagsgruppe
mit Sinn für das Leben

MIX
Papier aus verantwortungsvollen Quellen
FSC® C083411

Für die Verlagsgruppe Patmos ist Nachhaltigkeit ein wichtiger Maßstab ihres Handelns. Wir achten daher auf den Einsatz umweltschonender Ressourcen und Materialien.

Bibliografische Information der Deutschen Nationalbibliothek
Die Deutsche Nationalbibliothek verzeichnet diese Publikation in der Deutschen Nationalbibliografie; detaillierte bibliografische Daten sind im Internet über http://dnb.d-nb.de abrufbar.

1. Auflage 2018

ein Unternehmen der Verlagsgruppe Patmos
in der Schwabenverlag AG, Ostfildern
www.patmos.de

Umschlaggestaltung: Finken & Bumiller, Stuttgart
Umschlagfoto: Heike Schiller
Fotos Innenteil: Oliver Wendel, www.oliver-wendel.de
Lektorat: Andrea Langenbacher, www.andrealangenbacher.de
Gestaltung, Satz und Repro: Schwabenverlag AG, Ostfildern
Druck: CPI books GmbH, Leck
Hergestellt in Deutschland
ISBN 978-3-8436-1076-6